JN431570

AI 물류 혁명

AI문고

인공지능 시대입니다. 기계가 인간의 인지를 대신하고, 사물이 인간을 통하지 않고 다른 사물과 직접 커뮤니케이션합니다. 이에 따른 인간 삶과 문명 변화를 정확히 이해 · 예측 · 대응하는 것은 이 시대 우리 모두의 과제입니다. AI문고는 인공지능 기술과 환경의 여러 주제를 10가지 키워드로 정리합니다. 관련 개념과 이론, 학계와 산업계의 쟁점, 우리 일상의 변화를 다룹니다. 인간과 기술의 현재, 미래를 세심히 분석합니다.

일러두기

- 인명, 작품명, 저서명, 개념어 등은 한글과 함께 괄호 안에 해당 국가의 원어를 병기했습니다.
- 외래어 표기는 현행 어문규정의 외래어표기법을 따랐습니다.

처음이세요?

전문가세요?

지금, 큐알 찍으면

🎁 AI 입문서 바로 선물

📚 당신만의 필독서 추천

📖 500권 요약본 공짜

🎧 오디오북 무료 사용

AI 물류 혁명

우지환

대한민국, 서울, 커뮤니케이션북스, 2025

AI 물류 혁명

지은이 우지환
펴낸이 박영률

초판 1쇄 펴낸날 2025년 2월 28일

커뮤니케이션북스(주)
출판 등록 2007년 8월 17일 제313-2007-000166호
02880 서울시 성북구 성북로 5-11
전화(02) 7474 001, 팩스(02) 736 5047
commbooks@commbooks.com
www.commbooks.com

이 책은 커뮤니케이션북스(주)가 저작권자와 계약해 발행했습니다.
본사의 서면 허락 없이는 어떠한 형태나 수단으로도
이 책의 내용을 이용할 수 없음을 알려드립니다.

© 우지환, 2025

ISBN 979-11-7307-742-5 03500

책값은 뒤표지에 표시되어 있습니다.

차례

AI로 인한 물류 유통 생태계의 진화

우리 민족에게는 태초의 신화가 있다. 곰과 호랑이가 인간이 되기 위해 쑥과 마늘을 먹으며 100일을 견뎌야 했던 신화 말이다. 이 이야기에서 많은 사람들이 웅녀가 된 곰의 인내와 성취에 주목한다. 하지만 눈여겨볼 또 다른 중요한 요소가 있다. 바로 곰과 호랑이에게 그 쑥과 마늘이 어떻게 전달되었는가 하는 점이다.

생각해 보라. 100일 동안 쑥과 마늘이 매일 정확히 제시간에 어두컴컴한 동굴 속으로 도착했기 때문에 곰은 그것을 먹고 인간이 될 수 있었다. 그러지 않았다면 곰은 100일 동안 굶주렸을지도 모른다. 이처럼 정확한 시간과 장소에 필요한 것을 전달하는 과정이 바로 물류와 유통의 시작이다. 곰은 인내심뿐 아니라 물류와 유통 덕에 사람이 될 수 있었다.

오늘날 우리는 물류와 유통을 '보이지 않는 손'이라 부르며, 새벽배송과 로켓배송 같은 서비스를 당연하게 여긴다. 하지만 그 원리는 태초의 신화와 크게 다르지 않다. 웅녀에게 쑥과 마늘이 정확히 전달된 것처럼, 현대의 물류는 고객이 원하는 물건을 적시에 올바른 장소로 전달한다. 이 과정은 편리함을 넘어 현대 산업과 경제를 지탱하는 중요한 축이다.

예를 들어 보자. 당신이 아침에 먹을 신선한 빵을 주문했다고 생각해 보라. 그 빵은 새벽에 구워져 배송 차량을 통해 당신의 집 앞까지 빠르게 배달된다. 이 모든 과정은 물류와 유통의 체계 덕분에 이루어질 수 있다. 빵을 굽는 시간, 포장하는 시간, 배송 경로 등 모든 것이 정확히 계산되고 실행되어야 한다.

보이지 않는 연결의 힘

물류와 유통은 단순히 물건을 옮기는 일이 아니다. 세상을 연결하는 일이다. 농장에서 수확된 신선한 채소가 도시의 식탁으로 옮겨지고, 해외에서 제작된 스마트폰이 손안에 들어오는 과정까지, 물류와 유통은 우리가 필요로 하는 것들을 원활히 흐르게 한다.

특히 오늘날의 물류는 기술과 만나며 더욱 혁신적으로 변화하고 있다. 자동화된 물류센터, 드론 배송, 자율주행 차량 등은 효율성을 높일 뿐 아니라 새로운 가능성을 연다.

물류와 유통의 미래

물류와 유통은 사람과 물건을 잇는 것을 넘어 사람과 사람 그리고 전 세계를 연결하는 글로벌 네트워크로 발전하고 있다. 예를 들어 이커머스(e-Commerce)가 발전하면서 지구 반대편에서 주문한 물건이 며칠 만에 도착하는 일이 보편화했다.

미래의 물류는 환경을 위한 지속 가능성까지 고려하게 될 것이다. 전기차 배송, 친환경 포장재, 재활용 가능한 물류 시스템 등이 도입되면서 물류와 유통은 이제 단순한 서비스를 넘어 인류와 지구를 위한 필수 인프라로 자리 잡아 가고 있다.

곰과 호랑이의 신화에서 시작된 물류와 유통의 이야기는 그저 상징적인 것이 아니라 우리 삶과 직결된 중요한 현실이다. 우리는 매일 물류와 유통의 도움을 받아 살아가고 있다. 오늘 아침 문 앞에 놓인 택배 상자를 보며 그 속에 담긴 물류와 유통의 여정을 떠올려 보자. 이는 곰에게 쑥과 마늘이 전달되었던 신화적인 순간이 현대적으로 재현된 모습이다. 물류와 유통은 과거와 현재 그리고 미래에도 우리 삶의 중심에서 보이지 않는 연결을 이어 갈 것이다.

인공지능 시대의 도래와 물류 혁신

21세기 들어 인공지능(Artificial Intelligence, 이하 AI로 표기)은 학문적 영역을 넘어 현실 세계에 깊숙이 침투하며 산업 전반을 혁신하고 있다. 물류와 유통 분야 역시 AI 기술의 도입으로 급격한 변화를 맞이하고 있다. 오늘날 물류와 유통은 더 이상 단순히 물건을 생산지에서 소비지로 이동시키는 활동이 아니다. 소비자 맞춤형 서비스와 글로벌 네트워크 최적화를 요구하는 복합적이고 정교한 시스템으로 변모하고 있다. AI는 이러한 변화의 한가운데에서 물류 생태계를 재구성하고 있으며, 이 과정에서 새로운 기회와 도전 과제를 동시에 창출하고 있다.

AI는 이제 인간의 인지 활동을 모방하는 단계를 넘어섰다. 인간이 직관적으로 접근하기 어려운 문제를 해결하고, 방대한 데이터에 기반해 새로운 패턴과 통찰을 제공하는 도구로 자리 잡고 있다. 이러한 AI의 능력은 물류와 유통에서 놀라운 변화를 일으키고 있다. 어느새 AI는 공급망 관리(Supply Chain Management), 창고 운영, 배송 경로 최적화, 고객 맞춤형 서비스 등 물류와 유통 전반에서 효율성을 극대화하고 경쟁력을 강화하는 핵심 기술로 자리 잡았다. 이 책의 목표는 AI가 물류와 유통 생태계를 어떻게 변화시키고 있는지를 그 구체적 사례와 함께 심층적으로 탐구하는 데 있다.

물류와 유통의 혁신적 변화: AI의 역할

과거의 물류 시스템은 비교적 단순한 절차를 따랐으며 숙달된 전문가의 경험에 의존했다. 그러나 디지털 혁신과 함께 물류 시스템은 점점 더 복잡하고 고도화했다. 현대의 소비자는 신속하고 정확한 배송, 맞춤형 서비스 그리고 높은 수준의 투명성을 기대한다. AI는 이러한 기대를 충족하는 강력한 도구로 부상하고 있다. AI 기술은 실시간으로 데이터를 수집, 분석, 활용해 물류 프로세스를 자동화하고, 기업이 변화하는 시장 환경에 민첩하게 대응할 수 있도록 돕는다.

예를 들어 아마존은 AI와 로봇 기술을 창고 운영에 적용해 주문 처리를 자동화했고, 배송 시간을 단축했으며, 비용 효율성을 높였다. DHL은 스마트 물류 네트워크를 구축해 물류 경로를 최적화하고 실시간으로 물류 흐름을 관리한다. 알리바바의 차이니아오(Cainiao) 네트워크는 AI를 활용해 글로벌 물류를 혁신적으로 확장했으며, 고객에게 더욱 신속하고 정확한 서비스를 제공한다. 이러한 사례는 AI가 물류와 유통 생태계에서 어떤 방식으로 가치를 창출하는지 잘 보여 준다.

AI의 영향과 가능성: 물류와 유통의 재구성

AI 기술은 물류와 유통의 핵심 구조를 변화시키는 데 그치지 않고 새로운 가능성을 제시한다. 데이터 기반 의사결정이 물류 시스템의 중심이 되면서, 기업은 더 나은 예측과 계획 수립을 통해 운영 효율성을 극대화할 수 있게 되었다. AI의 예측 분석 기술은 과거 데이터를 바탕으로 미래의 수요를 정확히 예측함으로써 기업이 재고 관리와 생산 계획을 최적화하도록 돕는다. 나이키와 아디다스 같은 글로벌 기업들은 이러한 기술을 활용해 공급망 효율성을 높이고 있다.

또한 AI는 고객 맞춤형 서비스를 제공할 수 있게 한다. 기업들은 AI로 소비자의 행동 데이터를 분석해 개인화된 배송·유통 전략을 설계함으로써 고객 만족도와 충성도를 높이고 있다. 미국의 거대한 마트인 월마트와 타깃은 AI를 통해 소비자 경험을 혁신하며 소비자에게 차별화된 가치를 제공하고 있다.

AI와 물류 자동화: 새로운 도전과 과제

AI는 물류와 유통에 새로운 기회를 제공하지만, 그것을 도입하는 과정에서 발생하는 도전과 과제도 무시할 수 없다. AI 시스템의 도입은 종종 기술적 편향성과 윤리적 문제를 동반한다. 테슬라의 AI 물류 시스템은 이러한 문제를 잘 보여 준다. 이 시스템은 효율성을 극대화하는 데에는 성공했지만, 특정 영역에서는 예상치 못한 편향성과 한계를 드러냈다. 이러한 문제는 AI 기술의 윤리적 설계와 지속적 개선의 필요성을 시사하며, 인간-AI 협업의 중요성을 강조한다.

아울러 AI 도입은 물류 인력 구조에도 중대한 변화를 가져오고 있다. AI는 기존 물류 업무를 자동화할 뿐 아니라 인력을 더욱 전략적인 역할에 배치할 가능성을 제공한다. 그러나 이와 동시에 AI는 기존 인력의 직무 전환과 재교육을 요구한다. DHL과 애플은 이러한 문제에 대응하기 위해 AI로 인력 관리 시스템을 최적화하며, 인력과 기술 간의 협업을 통해 더 나은 성과를 창출하고 있다.

AI와 물류 유통의 미래: 지속 가능한 발전의 방향

지속 가능한 발전은 AI 기술이 물류와 유통 생태계를 재구성하는 과정에서 중요한 이슈로 부상하고 있다. AI 기반 물류 시스템은 자원 활용을 최적화해, 에너지 소비를 줄이고 탄소 배출을 감소하는 데 기여할 수 있다. 예를 들어 UPS와 페덱스는 AI와 사물인터넷(Internet of Things,

IoT)을 결합해 스마트 물류 네트워크를 구축함으로써 지속 가능성을 강화했다. 이러한 변화는 장기적으로 기업의 비용 절감과 경쟁력 강화에도 기여할 수 있다.

이 책의 구성

이 책은 열 개의 키워드로 AI가 물류와 유통 생태계에 미치는 영향을 심층 분석한다. 각 장에서는 다양한 사례를 통해 AI 기술이 물류와 유통의 특정 측면에 어떻게 기여하는지 탐구한다. 서문에서는 물류 유통 생태계의 전반적 변화를 살펴보며 AI가 가져온 혁신과 가능성 그리고 도전 과제를 개괄했다. 이어지는 각 장에서는 더 구체적이고 실질적인 사례와 분석을 통해 독자에게 AI 시대의 물류와 유통에 대한 명확한 통찰을 제공하려 한다.

AI는 단순한 기술적 도구를 넘어 인간 삶과 문명을 재구성하는 핵심 동력으로 자리 잡기 시작했다. 이 책을 통해 독자들이 AI가 물류와 유통 생태계에 어떤 변화를 가져오고 있는지, 이 변화를 어떻게 이해하고 준비해야 할지에 대한 깊은 통찰을 얻을 수 있기를 기대해 본다.

01

AI와 미래 물류 프로세스의 혁신

물류는 단순 운송이 아니라 기업 경쟁력의 핵심이다. AI 기술과 결합한 물류는 프로세스 자동화, 창고 관리, 경로 최적화 등으로 효율성을 극대화한다. 또한 환경 변화와 고객 요구에 대응하며 지속 가능한 체계를 구축한다. 아마존, DHL, 알리바바 등 글로벌 기업들의 혁신 사례는 물류가 산업 전반에 변화를 가져오는 핵심 동력임을 보여 준다.

AI와 1인 창업?

AI와 창고 관리: 자동화의 진화

창고 관리 분야는 AI 기술의 도입으로 큰 변화를 맞이했다. 전통적으로 창고 관리는 시간 집약적 · 노동 집약적 작업이었으나, AI의 도입으로 이 과정이 자동화하면서 그 효율성이 대폭 증가했기 때문이다.

아마존: 로봇 시스템의 선구자

아마존의 로봇 시스템은 AI와 로봇 기술을 창고 운영에 성공적으로 통합한 대표적 사례다. 아마존의 로봇 시스템, 특히 키바(Kiva) 로봇은 창고 작업의 방식을 혁신적으로 바꾸었다. 키바 로봇은 주문된 물품을 자동으로 찾아 작업자에게 가져다주어 작업자가 창고를 직접 돌아다닐 필요를 없애 버렸다. 이로써 주문 처리 속도가 기존보다 두 배 이상 증가했으며, 창고 내 물품 보관의 효율성도 크게 개선되었다. 키바 시스템은 AI 알고리즘을 활용해 창고 내 최적의 경로를 계산하고, 물품 이동 과정을 실시간으로 조정한다. 이를 통해 아마존은 주문 처리 시간을 단축하고 비용을 절감하는 동시에 고객에게 더 나은 서비스를 제공하면서 경쟁력을 확보했다.

DHL: 스마트 창고의 도입

DHL은 스마트 창고(Smart Warehouse) 개념을 도입해 AI와 사물인터넷 기술을 통합하는 물류 혁신을 이뤄 냈다. DHL은 비전 피킹(Vision Picking)이라는 시스템을 도입했는데, 이는 AI 기반의 증강현실(AR) 기술을 활용해 작업자가 물품을 효율적으로 픽업할 수 있게 돕는다. 작업자는 스마트 글래스를 착용하고, 화면에 표시되는 지시를 따라 물품을 빠르고 정확하게 찾을 수 있다. 이 기술은 물류 작업의 정확성을 높이고 작업자의 생산성을 15퍼센트에서 30퍼센트가량 향상하는 데 기여했다고 평가받는다.

AI를 활용한 물류 경로 최적화

물류 경로 최적화는 배송 속도와 비용 효율성을 개선하는 데 핵심적이다. 짧은 시간 내에 다양한 설루션을 점검하고 최적의 설루션을 도출하는 AI 기술은 물류 경로 최적화에서 탁월한 성과를 보이며, 실시간 데이터 분석과 예측을 통해 최적의 배송 경로를 설계할 수 있다. 이를 통해 물류 회사는 배송 시간을 줄이고 배송 과정에서 발생하는 탄소 등을 절감할 수 있게 된다.

DHL의 AI 기반 경로 최적화

DHL은 AI를 활용해 경로 최적화 시스템을 개발함으로써 운송 효율성을 크게 향상했다. DHL의 마이웨이스(MyWays) 플랫폼은 AI 알고리즘을 사용해 배송 경로를 실시간으로 조정한다. 이 플랫폼은 트래픽 상황, 날씨 변화, 차량 상태 등을 분석해 배송 당일 최적의 경로를 계산한다. 이 시스템 덕분에 DHL은 배송 시간을 단축하고 연료 소비를 절감하는 데 성공했다는 평가를 받고 있다.

알리바바의 차이니아오 네트워크

알리바바는 스마트 물류 네트워크인 차이니아오를 통해 글로벌 물류의 경로 최적화를 실현했다. 차이니아오는 AI 기술을 활용해 물류 데이터를 실시간으로 분석하고, 그 결과를 바탕으로 글로벌 배송 경로를 설계한다. 또한 배송 단계별로 데이터를 수집해 최적의 물류 허브와 경로를 제한함으로써 배송 시간을 크게 단축했다. 이러한 경로 최적화는 알리바바의 전자상거래 서비스와 결합되어 소비자들에게 더 나은 배송 경험을 제공한다.

실시간 재고 관리와 AI

재고 관리는 물류의 핵심 요소 중 하나다. 효율적인 재고 관리는 기업의 비용 절감과 고객 만족도 향상에 큰 영향을 미친다. AI는 재고 관리를 자동화하고 정교화해 실시간으로 데이터를 분석하고 적시에 필요한 결정을 내릴 수 있도록 돕는다.

아마존: 예측 기반 재고 관리

아마존은 AI 기반의 예측 분석 시스템을 도입해 재고 관리를 혁신했다. 이 시스템은 소비자 주문 데이터를 분석해 특정 지역에서의 상품 수요를 예측하고, 그 결과를 바탕으로 재고를 배치한다. 이 기술은 과잉 재고를 방지하고 재고 부족으로 인한 매출 손실을 줄이는 데 기여했다. 또한 아마존의 재고 관리 시스템은 머신러닝 알고리즘을 사용해 시간이 지나면서 발생하는 데이터들을 활용해 새롭게 학습하고, 정확성을 계속해서 개선한다.

DHL의 사물인터넷과 AI 결합

DHL은 사물인터넷 센서와 AI 기술을 결합해 실시간 재고 관리 시스템을 구축했다. 환경 변화를 빠르게 감지하고 데이터를 수집할 수 있는 사물인터넷 센서는 창고 내 상품의 상태와 위치를 지속적으로 모니터링하며, AI는 이를 분석해 상품의 이동 경로와 보관 위치를 최적화한다. 이러한 기술은 재고 관리의 정확성을 높이고 운영 비용을 절감하는 데 중요한 역할을 한다.

AI가 열어 가는 물류의 미래

AI는 물류 프로세스를 자동화하고 최적화하며, 기업이 변화하는 시장 환경에 효과적으로 대응할 수 있도록 돕고 있다. 아마존의 키바 로봇, DHL의 스마트 물류 기술, 알리바바의 차이니아오 네트워크는 AI가 물류 생태계에서 얼마나 중요한 역할을 하는지 보여 주는 대표적 사례다. 이들의 성공은 물류와 유통 산업이 AI 기술을 통해 어떻게 발전하고 있는지 잘 보여 준다.

요컨대 AI 기술은 물류의 효율성을 극대화하고, 기업의 경쟁력을 강화하며, 소비자에게 더 나은 서비스를 제공한다. 이러한 혁신은 현재의 문제를 해결할 뿐 아니라 물류의 미래를 새롭게 설계하는 데 중요한 역할을 한다.

참고문헌

DHL(2024.9.23). AI 기술로 변화를 맞이하는 물류 산업. https://www.dhl.com/discover/ko-kr/logistics-advice/ai-transform-logistics

알리바바 뉴스팀(2023.3.15). [알리바바 탐구④] 72시간 내 전세계로 배송하는 스마트 물류 기업, 차이냐오. 알리바바 뉴스,

https://kr.alibabanews.com/alistudy4_cainiao/
이석원(2023.5.26). 아마존 "AI로 상품·수요 재고 관리 한다". Tech Recipe,
https://techrecipe.co.kr/posts/54219

02
AI와 스마트 물류 네트워크 구축

현대 물류는 글로벌화와 디지털화로 인해 복잡해지고 있다. 이에 따라 실시간 관리와 대응이 가능한 스마트 물류 네트워크가 중요해지고 있다. AI와 사물인터넷 기술은 물류 효율성을 높이고 비용 절감과 서비스 품질 향상을 동시에 실현한다. UPS와 페덱스는 AI와 사물인터넷을 활용해 스마트 물류 네트워크를 구축하고 물류 혁신을 주도하고 있다. 이러한 기술들은 지속 가능한 물류 환경 조성에도 기여한다.

AI와 MBTI?

스마트 물류 네트워크란 무엇인가

스마트 물류 네트워크는 AI, 사물인터넷, 빅데이터, 클라우드 컴퓨팅 등 첨단 기술을 활용해 물류 전 과정에서 실시간 데이터를 수집, 분석, 활용함으로써 물류 시스템의 효율성과 유연성을 극대화하는 네트워크를 의미한다. 이 네트워크는 단순히 물품을 운송하는 데 그치지 않고 공급망의 모든 단계를 통합적으로 관리하고 최적화함으로써 물류 운영을 혁신한다.

스마트 물류 네트워크는 실시간 데이터 분석과 통합 관리를 통해 물류 프로세스를 더 빠르고 효율적으로 만들어 준다. 예를 들어 사물인터넷 센서를 통해 트럭이나 물류 창고에서 실시간으로 데이터를 수집하고, AI 알고리즘이 이 데이터를 분석해 가장 효율적인 배송 경로를 추천한다. 이를 통해 교통 체증이나 날씨 변화 같은 예기치 않은 변수에 신속히 대처할 수 있으며, 배송 시간을 단축하고 비용을 절감할 수 있다. 또한 스마트 물류 네트워크는 물류 허브에서의 작업량을 실시간으로 조정해 병목 현상을 방지함으로써 물류 흐름을 원활하게 유지할 수 있게 한다. 스마트 물류 네트워크의 핵심 요소는 다음과 같다.

첫째 요소는 실시간 데이터 수집 · 분석이다. 사물인

터넷 센서는 물류 네트워크 전반에서 발생하는 데이터를 실시간으로 수집한다. 배송 차량의 위치, 창고의 재고 상태, 기상 정보 등을 포함한 다양한 데이터가 수집된다. AI 알고리즘이 이 데이터를 분석해 즉각적인 의사 결정을 내린다. 이러한 실시간 데이터 분석은 물류 시스템의 민첩성과 신뢰성을 크게 향상한다.

둘째 요소는 예측과 최적화다. 머신러닝 기술을 활용해 물류 흐름을 예측하고, 최적의 자원 배치를 제안한다. 예를 들어 스마트 물류 네트워크는 특정 지역에서의 계절적 수요 증가를 예측해 사전에 물류 자원을 배치하거나, 재고 부족 문제를 방지하기 위한 최적의 공급 전략을 수립할 수 있다. 이러한 예측 능력은 물류 운영의 효율성을 높이고 불필요한 낭비를 줄인다.

셋째 요소는 유연한 대응 능력이다. 스마트 물류 네트워크는 기상 변화, 교통 체증, 공급망의 병목 현상 등 예기치 않은 상황에 신속하게 대처할 수 있게 하는 유연성을 제공한다. 예를 들어 AI가 실시간으로 트래픽 정보를 분석해 대체 경로를 제안하거나, 물류 허브에서 작업 일정을 조정해 상황에 따른 최적의 운영 방안을 제시할 수 있다. 이를 통해 물류 운영의 안정성을 확보하고 고객의 요구에 즉각적으로 대응할 수 있다. 스마트 물류 네트워크는 첨단 기술을 활용해 물류 운영의 모든 단계를 통합적으로 관리하고 최적화함으로써 효율성과 유연성을 극대화한다. 이러한 네트워크는 물류 산업의 혁신을 이끄는 핵심 도구로 자리 잡고 있으며, 미래의 공급망 관리에서 필수적인 역할을 할 것이다. 기업들은 스마트 물류 네트워크를 통해 변화하는 시장 요구에 신속히 대응하고, 지속 가능한 경쟁 우위를 확보할 수 있을 것이다.

UPS: AI와 사물인터넷 기반 스마트 물류 네트워크

UPS는 AI와 사물인터넷을 결합해 스마트 물류 네트워크를 구축한 선도적 기업으로, 그러한 네트워크를 통해 물류 운영의 효율성을 극대화하고 있다. 특히 UPS의 ORION(On-Road Integrated Optimization and Navigation) 시스템은 AI 기반 물류 최적화의 대표적 사례로 손꼽힌다. ORION 시스템은 첨단 기술을 활용해 배송 경로를 실시간으로 최적화함으로써 비용 절감과 지속 가능성이라는 목표를 달성하는 데 크게 기여하고 있다.

ORION: AI로 최적화된 배송 경로

ORION 시스템은 AI와 머신러닝 알고리즘을 활용해 배송 차량의 경로를 실시간으로 최적화한다. 이 시스템은 다음과 같은 세 가지 주요 단계를 통해 작동한다.

데이터 수집 단계에서는 차량의 GPS 위치, 트래픽 정보, 고객 주소와 같은 다양한 데이터를 사물인터넷 센서를 통해 실시간으로 수집한다. 이러한 데이터는 배송 경로 최적화에 필요한 중요한 입력값으로, 차량의 현재 상태와 주변 환경을 정확히 반영한다.

경로 분석 단계에서는 AI 알고리즘이 수집된 데이터를 기반으로 가장 효율적인 배송 경로를 계산한다. ORION 시스템은 배송 차량이 최단 거리로 고객에게 도착할 수 있도록 최적의 경로를 설계하며, 배송 순서와 교차 지점 등을 고려해 연료 소비를 최소화한다.

실시간 조정 단계에서는 교통 체증, 사고, 날씨 변화 등 예상치 못한 상황이 발생할 경우 AI가 즉각적으로 경로를 재조정한다. 이를 통해 배송 지연을 방지하고 고객 서비스 품질을 유지할 수 있다. 예를 들어 특정 구간에서 교통사고가 발생하면 ORION 시스템은 이를 실시간으로 감지하고 대체 경로를 즉시 제안한다.

UPS는 ORION 시스템을 도입한 이후 연간 운행 거리를 약 1억 마일 줄이는 데 성공했다. 이는 연료 소비 절감과 탄소 배출량 감소로 이어져 비용 절감과 환경 보호라는 두 가지 목표를 동시에 달성했다. 이로 인해 UPS는 지속 가능성 목표 달성에도 크게 기여하고 있다. 연료 절약과 탄소 배출 감소 외에도 ORION 시스템은 배송 시간을 단축하고 고객 만족도를 높이는 데 중요한 역할을 하고 있다.

UPS의 ORION 시스템은 AI와 사물인터넷을 결합해 물류 네트워크를 최적화한 스마트 기술의 성공 사례로, 물류 산업의 혁신 가능성을 보여 준다. ORION은 실시간 데이터 수집과 분석, 상황에 따른 유연한 조정을 통해 물류 운영의 효율성을 극대화하며, UPS가 비용 절감과 지속 가능성을 동시에 실현할 수 있도록 돕고 있다. 이러한 혁신은 물류 산업의 미래를 선도하며, 스마트 물류 네트워크의 잠재력을 입증하는 중요한 사례다.

사물인터넷으로 연결된 물류 허브

UPS는 사물인터넷 기술을 활용해 물류 허브의 운영 효율성을 높였다. 사물인터넷 센서를 통해 허브 내 모든 물품과 장비를 실시간으로 추적하고, 이에 기반해 작업을 최적화한다. 예를 들어 특정 창고 구역의 작업량이 과도하면 사물인터넷 데이터 분석을 통해 다른 구역으로 자원을 재배치할 수 있다. 이러한 유연한 관리 시스템은 물류 흐름을 원활하게 유지하며 병목 현상을 방지한다.

페덱스: AI로 강화된 물류 네트워크

페덱스 역시 AI와 사물인터넷을 활용해 스마트 물류 네트워크를 구축한 글로벌 리더로 평가받는다. 페덱스의 스마트 물류 전략은 특히 고객 중심 서비스를 강화하고, 글로벌 물류 네트워크의 복잡성을 관리하는 데 중점을 둔다.

센스어웨어: 사물인터넷 기반 실시간 추적 시스템

페덱스의 센스어웨어(SenseAware) 시스템은 사물인터넷 센서를 활용해 물품의 위치, 온도, 습도, 충격 등 다양한 데이터를 실시간으로 모니터링하는 첨단 물류 설루션이다. 이 시스템은 고가의 의료 장비나 온도에 민감한 제품(백신 등)과 같이 취급에 주의해야 하는 물품의 운송에 매우 적합하며, 기존 물류와 유통에 새로운 가치를 더한 혁신적 사례로 평가받고 있다.

센스어웨어의 주요 기능과 작동 방식

센스어웨어는 물류와 유통의 복잡한 요구를 충족하는 다양한 고급 기능을 제공한다.

첫째, 실시간 모니터링 기능은 배송 중 물품의 상태를 지속적으로 추적하며, 물품이 설정된 조건을 벗어나면 즉시 경고를 보낸다. 예를 들어 백신 운송 중 온도가 일정 수준을 초과하거나, 배송 도중 충격이 감지되면 시스템이 실시간 알림을 발송해 문제를 신속히 해결할 수 있도록 한다. 이러한 실시간 모니터링은 고가의 민감한 물품이 안전하게 운송될 수 있도록 보장하며, 물류 운영의 신뢰성을 크게 향상한다.

둘째, 데이터 기록·분석 기능은 사물인터넷 센서가 수집한 모든 데이터를 기록하고, 이를 분석해 물류 흐름을 최적화한다. 예를 들어 특정 배송 경로에서 반복적으로 문제가 발생한다면, 데이터를 분석해 그 원인을 파악하고 대체 경로를 설계할 수 있다. 이러한 데이터 기반 접근은 향후 배송 과정에서 발생할 수 있는 문제를 사전에 예방하고, 전체 물류 운영의 효율성을 높이는 데 기여한다.

센스어웨어의 성과와 영향

센스어웨어 시스템은 물류 품질을 개선하는 데 그치지 않고 AI와 사물인터넷 기술을 결합하며 물류와 유통 산업에 새로운 표준을 제시했다. 신뢰성과 안전성을 보장하는 동시에 데이터 분석을 통해 지속적인 개선과 최적화를 가능케 했다는 점에서 물류 산업에 주요한 이정표를 세웠다.

센스어웨어는 AI와 사물인터넷 기술이 물류와 유통 산업에 가져온 혁신적 변화를 상징하며, 지속 가능하고 신뢰할 수 있는 물류 운영을 구현하는 데 중요한 역할을 하고 있다.

AI 기반 배송 효율화

페덱스는 AI 기반 배송 효율화(Delivery Optimization) 시스템을 통해 배송 효율성을 극대화했다. 이 시스템은 고객의 주문 패턴과 배송 데이터를 분석해 최적의 배송 일정을 생성한다. AI는 예상치 못한 배송 문제(고객 부재, 날씨 변화 등)에 신속히 대응하며, 유연한 배송 옵션을 제공한다. 이를 통해 페덱스는 고객 만족도를 높이고 물류 비용을 효과적으로 절감했다.

AI와 사물인터넷의 통합: 스마트 물류의 미래

UPS와 페덱스의 사례는 AI와 사물인터넷의 통합이 스마트 물류 네트워크를 구축하는 데 핵심 역할을 한다는 점을 명확히 보여 준다. 이 두 기술의 결합은 물류 운영의 여러 측면에서 혁신적인 변화를 이끌어 냈다.

먼저 AI와 사물인터넷의 결합은 물류 운영의 연결성과 투명성을 강화한다. 사물인터넷은 물류 네트워크의 모든 단계에서 데이터를 실시간으로 수집해 각 과정의 상태를 명확히 보여 준다. 예를 들어 페덱스의 센스어웨어 시스템은 물품의 위치, 온도, 충격 등을 실시간으로 모니터링해 투명한 물류 운영을 가능케 한다. AI는 데이터를 분석해 더 나은 의사 결정을 내릴 수 있도록 지원하며, 이를 통해 물류 프로세스의 신뢰성과 효율성을 크게 향상한다.

또한 AI와 사물인터넷의 결합은 예측 가능성을 향상하는 데 중요한 역할을 한다. AI는 과거 데이터를 기반으로 미래의 물류 흐름을 예측해 자원을 효율적으로 배치할 수 있다. UPS의 ORION 시스템은 AI를 활용해 배송 경로를 최적화하고, 교통 체증과 같은 변수에 신속히 대응해 연료 소비와 운행 거리를 줄였다. 이러한 예측 능력은 물류 운영에서 불필요한 자원 낭비를 최소화하고, 기업이 변화하는 수요에 적응할 수 있도록 돕는다.

마지막으로 AI와 사물인터넷의 결합은 물류 운영의 유연성을 증대하는 데 기여한다. 갑작스러운 기상 변화, 교통 체증, 물류 허브에서의 작업량 증가와 같은 예기치 않은 상황에서도 AI와 사물인터넷은 실시간 데이터를 활용해 신속하게 대안을 제시할 수 있다. 페덱스의 센스 어웨어는 배송 중 문제가 발생했을 때 즉각 경고를 보내며, UPS의 ORION은 교통 상황에 따라 경로를 즉각 재조정한다. 이러한 유연성은 물류 네트워크의 안정성을 유지하고 고객 요구에 신속히 대응할 수 있도록 한다.

UPS와 페덱스의 사례는 AI와 사물인터넷이 스마트 물류 네트워크의 핵심 동력으로 작용하며, 물류 운영의 연결성과 투명성, 예측 가능성, 유연성을 획기적으로 개선할 수 있음을 보여 준다. 이러한 기술적 통합은 물류 산업의 미래를 선도하며, 더 효율적이고 지속 가능한 운영을 가능하게 한다.

AI와 사물인터넷이 만드는 스마트 물류 네트워크의 가치

AI와 사물인터넷은 스마트 물류 네트워크의 기반을 구축하면서 물류 시스템을 이전에 없던 수준으로 최적화하고 있다. UPS와 페덱스는 이러한 기술을 활용해 물류 효율성을 극대화하고 지속 가능한 운영 모델을 구현하는 데 성공했다.

스마트 물류 네트워크는 기업이 비용을 절감하고 서

비스 품질을 향상할 수 있게 할 뿐 아니라, 고객의 기대를 충족하고 글로벌 시장에서 경쟁력을 강화할 수 있게 한다. AI와 사물인터넷 기술의 발전은 앞으로도 스마트 물류 네트워크의 진화를 지속적으로 이끌어 갈 것이다. 이를 통해 물류는 더 효율적이고 지속 가능하며 유연한 형태로 발전해 나갈 것으로 기대된다.

참고문헌

위키독스. 사물인터넷(IoT)과 AI. https://wikidocs.net/240127

이성은(2025.2.17). 페덱스, 지능형 솔루션 韓도입… "2초마다 화물 위치 전송". IT조선, https://it.chosun.com/news/articleView.html?idxno=2023092134356

03
AI와 맞춤형 유통 설루션

빠르게 변화하는 소비자의 기대와 디지털 기술의 발전 속에서 유통 산업은 혁신이 불가피하다. 고객들은 단순 구매를 넘어 개인 맞춤형 경험을 기대하고 있으며, AI 기술은 이러한 요구를 실현하는 데 핵심 역할을 한다. 월마트와 타깃 같은 선도적 기업들이 AI를 활용한 맞춤형 배송 서비스를 어떻게 구현하고 있는지 사례를 통해 살펴본다.

AI와 난임 극복?

맞춤형 유통 설루션의 필요성

유통업에서 맞춤형 전략은 매출 증대뿐 아니라 고객과의 관계를 강화하고 장기적인 충성도를 확보하는 데에도 중요하다. 현대의 소비자들은 자신만의 선호와 필요를 충족해 줄 맞춤형 서비스를 기대하며, 이러한 기대를 충족하는 기업이 시장에서 경쟁 우위를 점한다. 이를 가능하게 하는 핵심 도구 중 하나가 바로 AI 기술이다. AI는 방대한 데이터를 분석하고 개인화된 설루션을 제공해 맞춤형 유통 전략을 지원한다.

데이터 분석을 통한 소비자 이해는 맞춤형 유통 전략에서 AI가 수행하는 첫 번째 단계다. AI는 소비자의 구매 이력, 검색 패턴, 지역별 선호도와 같은 데이터를 분석해 개인화된 인사이트를 도출한다. 이를 통해 기업은 각 고객이 무엇을 필요로 하는지 정확히 이해하고, 그에 맞는 서비스를 설계할 수 있다. 예를 들어 특정 고객이 자주 검색하는 제품군이나 브랜드를 파악해 맞춤형 마케팅 캠페인을 진행하면 고객의 관심을 끌고 구매 전환율을 높일 수 있다.

추천 시스템 구현은 AI가 고객 경험을 향상하는 또 다른 방식이다. AI 알고리즘은 분석된 데이터를 바탕으로 각 고객에게 적합한 상품을 추천하며, 이러한 추천은 소비자가 더 쉽게 구매 결정을 내릴 수 있도록 돕는다. 예를 들어 AI는 특정 고객에게 이전에 구매한 상품과 유사한 제품이나 관련 액세서리를 추천해 추가 구매를 유도할 수 있다. 이는 고객의 쇼핑 경험을 개인화하고 기업의 매출을 증가시키는 효과를 낸다.

맞춤형 물류 경로 설계는 유통업에서 AI가 혁신을 이끌어 내는 또 다른 영역이다. AI는 고객의 배송 요청을 분석해 최적의 배송 경로와 일정을 설계한다. 이를 통해 고객이 원하는 시간과 장소에 정확히 상품을 전달할 수 있으며, 이는 고객 만족도를 크게 향상한다. AI는 트래픽 데이터와 고객의 선호 시간을 고려해 배송 시간을 조정하거나, 물류 허브 간의 경로를 최적화해 물류 운영의 효율성을 높인다.

맞춤형 전략은 고객의 기대를 충족하는 데 그치지 않고 기업의 물류 운영 효율성을 높인다. 데이터 기반의 개인화된 서비스는 고객과 기업 간의 관계를 강화하며, 고객 충성도를 유지하는 데 중요한 역할을 한다. 이와 동시에 효율적 물류 경로 설계는 운영 비용을 절감하고 배송 품질을 향상할 수 있게 한다.

요컨대 AI는 유통업에서 맞춤형 전략을 지원하는 핵심 기술로 자리 잡고 있으며, 고객의 요구를 만족시키고 기업의 경쟁력을 강화하는 데 필수적인 도구다. 개인화된 데이터 분석, 추천 시스템, 맞춤형 물류 경로 설계와 같은 AI 활용은 유통업이 고객 중심의 서비스를 제공하며 지속 가능한 성장을 이룰 수 있도록 돕는다.

월마트: AI로 구현한 개인화된 유통 설루션

월마트는 AI 기술을 활용해 대규모 고객 데이터베이스를 분석하고, 그 결과에 기반해 맞춤형 유통 설루션을 제공하는 데 성공했다. 월마트는 고객이 바라는 것이 '나와 함께(do it with me)'에서 '나를 위해(do it for me)'로 변화했음을 알아차리면서 AI를 적극 활용하기 시작했다.

고객 데이터 분석과 개인화된 추천

월마트는 자체 개발한 AI 기반 데이터 분석 플랫폼을 통해 고객의 구매 패턴과 선호도를 분석하며, 개인화된 쇼핑 경험을 제공한다. 이 플랫폼은 고객 데이터를 실시간으로 수집하고 분석해 고객이 원하는 상품을 좀 더 쉽게 찾을 수 있게 돕는다. 이와 동시에 기업의 매출 증대에도 기여한다. 이러한 시스템은 현대 유통 산업에 데이터와 AI 기술이 얼마나 중요한지 잘 보여 준다.

데이터 수집 단계에서 월마트의 플랫폼은 고객의 구

매 이력, 온라인 검색 기록, 장바구니 데이터와 같은 다양한 정보를 실시간으로 수집한다. 이를 통해 고객의 행동과 선호를 심층적으로 이해하기 위한 기초 데이터를 확보한다. 예를 들어 특정 고객이 온라인에서 반복적으로 특정 브랜드의 상품을 검색하거나 장바구니에 추가하는 행동이 관찰되면, 이에 기반해 개인화된 서비스를 제공할 수 있다.

패턴 분석 단계에서는 머신러닝 알고리즘이 수집된 데이터를 분석해 숨겨진 패턴과 트렌드를 도출한다. AI는 고객 그룹 간의 공통된 선호도를 식별하거나, 특정 계절이나 이벤트와 연관된 구매 트렌드를 파악할 수 있다. 예를 들어 여름 시즌에는 해변 용품 판매가 증가하는 경향을 감지하고 관련 상품을 우선적으로 추천할 수 있다. 이러한 데이터 분석은 고객의 요구를 미리 예측하고 더 나은 쇼핑 경험을 설계하는 데 중요한 역할을 한다.

개인화된 추천 생성 단계에서 AI는 고객의 관심사와 과거 구매 이력을 바탕으로 최적화된 상품 추천을 제공한다. 고객이 선호하는 카테고리와 브랜드를 분석해 그와 유사하거나 관련성이 높은 상품을 제안한다. 예를 들어 특정 고객이 스포츠 용품을 자주 구매했다면, AI는 그 고객에게 새로운 스포츠 상품이나 관련 액세서리를 추천할 수 있다. 이러한 개인화된 추천은 고객이 필요로 하는 상품을 빠르게 찾을 수 있도록 돕는 동시에 고객이 생각하지 못했던 잠재적 구매를 유도한다.

월마트의 AI 기반 데이터 분석 플랫폼은 고객 경험을 혁신하는 동시에 기업의 매출을 증가시킨다. 고객은 자신만을 위한 개인화된 서비스를 통해 더 편리하고 만족스러운 쇼핑을 경험할 수 있다. 월마트는 이를 통해 고객 충성도를 강화하고 장기적인 경쟁 우위를 확보했다.

월마트의 사례는 AI와 데이터 분석이 유통업에서 어떻게 활용될 수 있는지 훌륭하게 보여 준다. 이러한 기술은 매출을 증대할 뿐 아니라 고객과 기업의 관계를 강화하고, 더 나은 서비스와 효율성을 통해 유통 산업의 미래를 선도하고 있다.

맞춤형 배송 서비스

월마트는 AI 기술을 활용해 고객 맞춤형 배송 서비스를 구현했다. 예를 들어 월마트는 딜리버리 언리미티드(Delivery Unlimited) 프로그램을 통해 정기적으로 주문하는 고객에게 개인화된 배송 옵션을 제공한다. 여기서 AI는 고객의 주문 패턴을 분석해 특정 시간대나 요일에 주문을 몰아 효율적인 배송 경로를 설계한다. 이를 통해 월마트는 배송 비용을 절감하고 고객 만족도를 높일 수 있었다.

타깃: 개인화된 쇼핑 경험 제공

미국 내 최대 슈퍼마켓 중 하나인 타깃 역시 고객 경험을 향상하기 위해 AI 기술을 적극적으로 도입하고 있는 선도적인 유통 기업이다. 타깃은 개인화된 쇼핑 경험을 제공하기 위해 다음과 같은 전략을 실행하고 있다.

AI 기반 추천 엔진

타깃은 AI를 활용한 추천 엔진을 통해 고객이 선호할 만한 제품을 정확히 예측하고 추천한다. 이 엔진은 고객의 온라인·오프라인 쇼핑 데이터를 통합적으로 분석해 맞춤형 상품을 제안한다. 예를 들어 특정 계절에 자주 구매되는 상품 데이터를 바탕으로 고객이 필요로 할 가능성이 높은 제품을 미리 추천한다. 이러한 전략은 고객이 쇼핑에 들이는 시간을 줄일 뿐 아니라 기업의 판매율을 높인다는 점에서 큰 장점이 있다.

지능형 인벤토리 관리와 맞춤형 물류 서비스

타깃은 AI 기반 지능형 인벤토리 관리 시스템을 도입해 고객 맞춤형 물류 서비스를 구현했다. 이를 통해 물류 운영의 효율성을 극대화하고 있다. 이 시스템은 고객 데이터와 실시간 재고 상태를 결합해 고객의 요구를 더욱 정교하게 충족하고 운영 비용을 절감한다. 타깃의 혁신적인 접근은 현대 유통 산업에서 AI 기술이 지닌 중요성을 잘 보여 준다.

정확한 재고 예측은 타깃의 지능형 인벤토리 관리 시스템이 제공하는 핵심 기능 중 하나다. AI는 특정 지역에서의 상품 수요를 분석하고, 계절적 트렌드와 소비 패턴을 기반으로 인기 상품의 재고를 선제적으로 확보한다. 예를 들어 여름철에 특정 지역에서 선풍기와 냉방 기기의 수요가 급증할 것을 예측하면, AI는 해당 지역의 매장에 적절한 재고를 미리 배치해 품절 문제를 방지한다. 이러한 예측 능력은 고객 만족도를 높이고 불필요한 재고 비용을 줄이는 데 기여한다.

맞춤형 배송 옵션은 타깃의 고객 맞춤형 물류 서비스가 보여 주는 또 다른 중요한 특징이다. AI는 고객이 선호하는 배송 시간과 장소를 분석해 유연한 배송 일정을 제공한다. 예를 들어 특정 고객이 저녁 시간대에 상품을 수령하기를 선호한다면, AI는 해당 시간에 맞춰 배송 일정을 조정한다. 또한 AI는 특정 지역에서의 배송 경로를 최적화해 고객이 편리하게 상품을 받을 수 있도록 한다. 이러한 맞춤형 배송 서비스는 고객 경험을 크게 향상하고 타깃이 고객 충성도를 확보하는 데 도움을 준다.

타깃의 AI 기반 지능형 인벤토리 관리 시스템은 단순히 고객 만족도를 높이는 데 그치지 않고 물류 운영 비용 절감에도 중요한 역할을 한다. 정확한 재고 예측을 통해 불필요한 재고를 줄이고 맞춤형 배송 옵션으로 물류 자원의 낭비를 최소화해 효율적인 운영을 실현한다.

타깃의 사례는 AI 기술이 유통업의 물류 관리와 고객 서비스를 어떻게 혁신할 수 있는지 보여 준다. 지능형 인벤토리 관리 시스템은 고객 맞춤형 서비스를 통해 경쟁력을 강화하며, 효율적이고 지속 가능한 운영을 가능하게 한다. AI 기술의 도입은 타깃이 현대 유통 환경에서 시장을 선도하고 고객과의 관계를 더욱 강화하는 데 기여하고 있다.

맞춤형 유통 설루션의 주요 기술 요소

월마트와 타깃의 사례는 맞춤형 유통 설루션을 구현하는 데 첨단 기술이 어떻게 활용되는지 잘 보여 준다. 고객 요구를 충족하고 운영 효율성을 극대화하기 위해서는 빅데이터, 머신러닝, 클라우드 컴퓨팅, 사물인터넷과 같은 기술 요소가 필수적이다. 이러한 요소들은 유통과 물류의 모든 과정을 혁신하며, 고객 맞춤형 서비스를 실현하는 데 핵심 역할을 한다.

빅데이터 분석은 맞춤형 유통 설루션의 기반이 되는 기술이다. 이 기술로 고객 행동 데이터를 수집하고 분석해 유용한 인사이트를 도출함으로써 고객 요구를 정확히 이해하고 예측할 수 있다. 예를 들어 월마트의 AI 기반 데이터 분석 플랫폼은 구매 이력, 검색 기록, 장바구니 데이터를 분석해 고객의 선호도와 트렌드를 파악한다. 이를 통해 상품 추천, 마케팅 전략, 재고 배치와 같은 의사 결정을 정교하게 설계할 수 있다.

머신러닝 알고리즘은 맞춤형 유통 설루션의 핵심 기술로, 데이터에서 패턴을 학습하고 이를 기반으로 예측과 추천을 수행한다. 타깃의 지능형 인벤토리 관리 시스템은 머신러닝을 활용해 특정 지역의 상품 수요를 예측하고, 인기 상품의 재고를 선제적으로 확보한다. 또한 추천 엔진은 고객의 관심사와 과거 구매 데이터를 바탕으로 적합한 상품을 제안하며, 개인화된 쇼핑 경험을 제공한다.

클라우드 컴퓨팅은 대규모 데이터를 처리하고 실시간으로 분석 결과를 제공하는 데 필수적인 인프라다. 유통 산업에서는 방대한 고객 데이터와 재고 정보를 빠르게 처리해야 하므로 클라우드 컴퓨팅의 유연성과 확장성이 매우 중요하다. 타깃은 클라우드 기반 플랫폼을 통해 실시간 재고 데이터를 분석하고, 고객에게 맞춤형 배송 옵션을 제공한다. 이는 데이터 처리 속도를 높이고 물류 운영을 원활하게 유지하는 데 기여한다.

사물인터넷과 스마트 디바이스는 실시간 재고 추적과 물류 경로 설계에 중요한 역할을 한다. 사물인터넷 센서는 창고와 물류 네트워크에서 데이터를 수집하며, 이를 통해 재고 상태와 배송 현황을 실시간으로 파악할 수 있다. 예를 들어 타깃의 시스템은 사물인터넷 센서를 활용해 재고 상태를 모니터링하고, 특정 상품이 부족해지면 이를 사전에 보충할 수 있도록 한다. 또한 사물인터넷은 물류 경로를 최적화해 배송 시간을 단축하고 비용을 절감하는 데 기여한다.

맞춤형 유통 설루션은 빅데이터 분석, 머신러닝, 클라우드 컴퓨팅, 사물인터넷과 같은 기술 요소의 통합을 통해 실현된다. 이러한 기술은 유통업체가 고객 요구에 민첩하게 대응하고, 운영 효율성을 높이고, 경쟁 우위를 확보할 수 있게 돕는다. 월마트와 타깃의 사례는 첨단 기술이 유통 산업에서 어떻게 활용될 수 있는지 보여 준다.

미래의 유통 환경에서 이러한 기술의 중요성은 더욱 커질 것이다.

AI 기반 맞춤형 유통의 효과와 한계

AI 기반 맞춤형 유통은 고객의 요구를 충족하는 맞춤형 서비스를 제공해 고객 만족도를 향상하고 브랜드 충성도를 강화한다. 개인화된 추천과 효율적 배송으로 구매 전환율을 높여 매출 증대에 기여한다. 또한 다양한 기업 사례가 보여 주듯 물류와 재고 관리를 최적화해 운영 효율성을 증대하고 비용을 절감한다.

그러나 AI 기반 맞춤형 유통은 몇 가지 한계를 가지고 있다. 개인 데이터를 수집하고 분석하는 과정에서 데이터 프라이버시 문제가 발생할 수 있다는 점이다. 또한 AI 시스템의 정확성과 성능은 데이터의 품질과 양에 크게 의존하는데, 이는 시스템 관리에 추가적 부담을 줄 수 있다. 따라서 AI 기반 맞춤형 유통에서 데이터 관리의 균형은 기술적 진보 못지않게 중요한 요소다.

맞춤형 유통의 미래

AI는 맞춤형 유통 설루션을 구현하는 데 핵심적이며, 이 설루션을 통해 기업은 고객과의 관계를 강화하고 경쟁력을 확보할 수 있다. 월마트와 타깃의 사례는 AI 기술이 개인화된 유통 전략을 어떻게 실현하고 있는지 잘 보여준다.

앞으로 AI 기술이 더욱 발전하면 맞춤형 유통 설루션은 더 정교해지고 효율성이 높아질 것이며, 고객과 기업 모두에게 더 큰 가치를 제공할 것이다. 기업은 이러한 변화를 적극적으로 수용하고, AI에 기반한 혁신적 유통 전략을 통해 시장에서의 입지를 강화해야 할 것이다.

참고문헌

박명근(2024.8.23). AI를 활용하여 고객 경험을 개인화한 월마트. Digital Marketing Curation, https://www.thedigitalmkt.com/how-cloud-powered-ai-tools-are-enabling-rich-customer-experiences-at-walmart/

이연정(2024.8.9). 미국 대형 소매업체의 이커머스 전략. Cello Square, https://www.cello-square.com/kr/blog/view-1396.do

04
AI 기반 물류 관리 시스템

물류는 비즈니스 운영의 핵심이며, 그것의 효율성은 기업 경쟁력의 중요한 요소다. 하지만 전통적 물류 관리 시스템은 복잡한 공급망과 소비자 기대를 충족하기 어렵다. AI는 재고 관리, 경로 최적화, 주문 처리 속도 향상 등에서 혁신을 이끌어 내며 물류의 효율성을 높이고 있다. 이 장에서는 마이크로소프트의 AI 기반 물류 설루션 사례를 통해 AI가 물류 관리에 미치는 영향을 분석한다.

AI와 사주?

AI 기반 재고 관리

재고 관리는 물류 관리의 핵심 요소로, 공급망 운영의 원활성과 비용 절감에 중요한 영향을 미친다. AI는 실시간 데이터 분석과 예측 모델을 통해 재고 관리의 정확성과 효율성을 크게 향상해 왔다.

재고 수요 예측

AI는 과거의 판매 데이터, 계절적 트렌드, 소비자 행동 데이터 등을 분석해 미래 수요를 예측할 수 있다는 장점이 있다. 이를 통해 기업은 과잉 재고나 재고 부족 문제를 사전에 방지할 수 있게 된다. 예를 들어 머신러닝 알고리즘은 특정 제품의 판매량이 특정 시간대나 지역에서 증가할 가능성을 예측한다. 이를 바탕으로 기업은 재고를 최적화해 운영한다.

실시간 재고 추적

AI는 사물인터넷 센서와 결합해 창고 내 재고를 실시간으로 추적하고 관리한다. 각 물품에 부착된 RFID(Radio Frequency IDentification) 태그를 통해 위치와 상태를 모니터링하며, 이를 기반으로 창고 공간을 효율적으로 활용할 수 있다. 이러한 시스템은 재고 정확도를 향상하고 운영 비용을 줄이는 데 기여한다.

운송 경로 최적화

운송 경로 최적화는 물류 효율성을 극대화하고, 배송 시간을 단축하며, 비용을 절감하는 데 중요하다. AI는 복잡한 물류 네트워크 내에서 가장 효율적인 경로를 설계하는 강력한 도구다.

데이터 기반 경로 분석

AI는 실시간 트래픽 정보, 날씨 데이터, 차량 상태, 배송 우선순위 등을 분석해 최적의 운송 경로를 설계한다. 예를 들어 마이크로소프트의 AI인 애저(Azure)는 데이터 분석과 머신러닝을 활용해 배송 차량의 경로를 실시간으로 최적화하며, 이를 통해 연료 소비를 줄이고 배송 시간을 단축한다.

유연한 경로 조정

AI는 운송 중 발생할 수 있는 예기치 않은 상황(사고, 도로 공사, 기상 악화 등)에 신속히 대응할 수 있게 하는 유연성을 제공한다. 실시간 데이터를 기반으로 경로를 즉시 재조정해 고객에게 정확한 배송 시간을 보장한다.

주문 처리 속도 향상

주문 처리 속도는 물류 관리에서 고객 만족도를 좌우하는 중요한 요소다. AI는 주문 처리 과정을 자동화하고 최적화해 고객의 기대를 충족하고 기업의 운영 효율성을 높인다.

자동화된 주문 처리

AI 기반 시스템은 주문 접수, 재고 확인, 배송 준비의 과정을 자동으로 처리한다. 예를 들어 마이크로소프트의 다이내믹스 365 공급망 관리(Dynamics 365 Supply Chain Management)는 주문 데이터와 재고 상태를 실시간으로 분석해 주문 처리 과정을 신속하게 수행한다. 이는 주문 지연을 최소화하고 처리 속도를 크게 향상한다.

예측 분석을 통한 주문 관리

AI는 예측 분석을 통해 고객의 주문 패턴을 분석하고, 이를 바탕으로 주문량 증가를 사전에 준비할 수 있다. 예를 들어 특정 상품이 프로모션 기간 동안 높은 수요를 기록할 것으로 예상되면, AI는 해당 상품의 주문 처리를 우선순위에 두고 물류 자원을 재배치해 기업의 수익을 극대화한다.

마이크로소프트의 AI 기반 물류 관리 설루션

소프트웨어 회사로 유명한 마이크로소프트는 AI를 활용해 물류 관리의 혁신을 주도하고 있는 대표적 기업이다. 마이크로소프트의 AI인 애저나 다이내믹스 365 공급망 관리는 물류 운영의 모든 측면에서 AI의 강점을 발휘하는 강력한 설루션으로 평가받는다.

애저의 실시간 데이터 분석

애저는 클라우드 기반 인공지능 플랫폼으로, 방대한 물류 데이터를 실시간으로 분석해 유용한 인사이트를 제공한다. 이 플랫폼은 물류 허브에서의 작업량, 배송 경로, 재고 상태 등을 종합적으로 분석해 운영 효율성을 극대화하는 데 중점을 둔다. 애저를 활용한 시스템은 데이터 중심의 접근 방식을 통해 기업의 물류 운영을 혁신하며, 여러 가지 이점을 제공한다.

운영 효율성 향상은 애저가 물류 산업에서 제공하는 가장 두드러진 이점 중 하나다. 애저는 물류 데이터의 실시간 분석을 통해 병목 현상을 사전에 식별하고, 자원을 최적으로 배치할 수 있도록 지원한다. 예를 들어 특정 물류 허브에서 작업량이 과도하게 증가하는 상황이 감지되면, 애저는 인력을 재배치하거나 대체 경로를 제안해 원활한 물류 흐름을 유지한다. 이러한 데이터 기반 의사 결정은 물류 네트워크의 안정성과 효율성을 동시에 향상한다.

비용 절감은 애저가 기업에 제공하는 또 다른 중요한 혜택이다. 애저는 실시간 데이터를 활용해 불필요한 운송 비용을 줄이고, 재고 관리의 효율성을 높인다. 예를 들어 애저는 특정 지역에서의 배송 수요를 예측하고, 그 결과에 기반해 최적의 배송 경로를 설계함으로써 연료 비용과 운송 시간을 절감할 수 있다. 또한 재고 상태를 지속적으로 모니터링해 재고 과잉이나 부족 문제를 방지하며, 이로써 불필요한 비용을 최소화한다.

애저는 클라우드 컴퓨팅의 확장성과 유연성을 활용해 대규모 물류 데이터를 실시간으로 처리할 수 있다. 이는 물류 운영에서 발생하는 복잡한 변수들을 통합적으로 분석하고, 기업이 신속하고 정확한 결정을 내릴 수 있도록 지원한다. 예를 들어 기상 변화나 교통 체증 같은 예기치 않은 변수에 즉각 대응할 수 있는 대안을 제시하며, 물류 네트워크의 민첩성을 향상한다.

애저는 클라우드 기반 인공지능 기술을 통해 물류 산업에서 데이터 분석과 의사 결정의 새로운 표준을 제시하고 있다. 운영 효율성 향상과 비용 절감 같은 직접적

이점을 제공하는 동시에, 기업이 변화하는 시장 환경에 신속히 적응할 수 있도록 돕는다. 애저는 물류와 공급망 관리를 혁신하는 도구로, 기업의 경쟁력을 강화하고 지속 가능한 성장을 지원하는 데 중요한 역할을 하고 있다.

다이내믹스 365의 통합 물류 관리

다이내믹스 365 공급망 관리는 AI 기반 통합 물류 관리 설루션으로, 공급망의 모든 단계를 연결하고 최적화하는 데 중점을 둔다. 이 플랫폼은 실시간 데이터 분석과 AI 알고리즘을 활용해 물류 운영을 효율적으로 관리하며, 기업이 변화하는 시장 환경에 신속히 대응할 수 있도록 돕는다. 다이내믹스 365 공급망 관리는 재고 관리, 운송 경로 최적화, 예측 분석 등 다양한 기능을 제공하며, 물류 관리에서 혁신을 이끌어 내고 있다.

재고 · 주문 관리는 다이내믹스 365 공급망 관리의 핵심 기능 중 하나다. 여기서 AI는 재고 상태를 실시간으로 모니터링하며, 상품이 부족하거나 과잉 재고가 발생하지 않도록 관리한다. 예를 들어 특정 상품의 재고가 임계치 아래로 떨어지면 AI는 자동으로 보충 주문을 제안해 원활한 공급망 운영을 보장한다. 또한 고객 주문을 신속히 처리하고 정확한 배송 일정을 설계함으로써 고객 만족도를 높인다.

운송 경로 최적화는 물류 운영에서 시간과 비용을 절약하는 데 중요한 역할을 한다. 다이내믹스 365 공급망 관리는 AI 알고리즘을 활용해 가장 효율적인 배송 경로를 설계한다. 예를 들어 교통 상황과 배송지 간의 거리를 실시간으로 분석해 최적의 경로를 선택함으로써 배송 시간을 단축하고 연료 비용을 절감한다. 이러한 최적화는 물류 네트워크의 효율성을 극대화하고, 기업의 경쟁력을 강화한다.

예측 분석은 다이내믹스 365 공급망 관리가 제공하는 또 다른 중요한 기능이다. AI 기반 예측 모델은 과거 데이터를 분석해 미래의 수요를 정확히 예측하고, 이를 바탕으로 재고를 적시에 보충할 수 있도록 지원한다. 예를 들어 계절적 판매 패턴을 분석해 특정 시기에 예상되는 수요 증가에 대비하거나, 특정 지역에서의 상품 수요를 미리 파악해 공급망을 최적화한다. 이러한 예측 능력은 공급망 운영의 안정성을 높이고 불필요한 비용 발생을 방지하는 데 기여한다.

다이내믹스 365 공급망 관리는 AI 기술을 활용해 물류 운영을 통합적으로 관리하고 최적화하는 강력한 설루션이다. 재고 관리, 운송 경로 최적화, 예측 분석과 같은 기능을 통해 기업은 운영 효율성을 극대화하고, 고객 만족도를 향상하며, 시장 변화에 유연하게 대응할 수 있다. 이 플랫폼은 공급망 관리의 새로운 기준을 제시하면서 기업이 지속 가능한 성장과 경쟁 우위를 확보할 수 있도록 돕는 중요한 도구로 자리 잡고 있다.

AI 기반 물류 관리 시스템의 주요 장점

AI 기반 물류 관리 시스템의 주요 장점은 다음과 같다.

첫째, 운영 효율성이 크게 증대된다. AI 기반 물류 관리 시스템은 자동화와 최적화를 통해 물류 프로세스 전반에서 발생할 수 있는 불필요한 단계를 제거하고, 작업 속도를 높이며, 자원의 사용을 극대화함으로써 효율적 운영을 가능하게 한다. 이를 통해 물류 운영에서의 병목 현상을 방지하고 전체적 생산성을 높이는 데 기여한다.

둘째, 비용을 절감할 수 있다. AI 기반 물류 관리 시스템은 재고 관리를 최적화해 과도한 재고로 인한 비용을 줄이고, 실시간 데이터를 바탕으로 가장 효율적인 운송 경로를 설계함으로써 연료비와 운송비를 절감한다. 이와 같은 비용 절감은 기업의 경쟁력을 높이는 데 중요한 역할을 한다.

셋째, 고객 만족도가 향상된다. AI 기술을 활용하면

주문 처리가 신속하고 정확하게 이루어지며, 이를 통해 배송 지연이나 오류를 최소화할 수 있다. 결과적으로 고객은 더 나은 서비스 품질을 경험하게 되며, 이는 기업의 신뢰도와 충성도를 높이는 데 크게 기여한다.

넷째, 유연성과 적응성이 강화된다. AI 시스템은 데이터를 실시간으로 분석해 빠르게 변화하는 시장 상황이나 예기치 않은 문제에 효과적으로 대응할 수 있다. 예를 들어 공급망에서 발생할 수 있는 지연이나 수요 변화 같은 상황에 신속히 대처함으로써 물류 운영의 안정성을 유지한다.

이처럼 AI 기반 물류 관리 시스템은 운영 효율성을 극대화하고, 비용을 절감하며, 고객 만족도를 높인다. 또한 변화하는 환경에 유연하게 대처할 수 있게 하는 강력한 도구다.

물류 관리의 미래를 선도하는 AI

AI는 물류 관리 시스템을 지원하고 개선하는 데 필수적인 기술로 자리 잡고 있다. 재고 관리, 운송 경로 최적화, 주문 처리 속도 향상 등 다양한 분야에서 효율성과 정확성을 극대화하며 기업의 경쟁력을 강화하고 있다. 특히 마이크로소프트의 AI 기반 물류 관리 설루션은 이러한 변화를 선도하며 물류 산업의 새로운 기준을 제시하고 있다.

앞으로 AI 기술이 발전하면 물류 관리 시스템은 더 정교하고 효율적으로 변화할 것이다. 기업들은 AI 기술을 활용해 물류 운영의 혁신을 지속적으로 추구해야 하며, 이를 통해 변화하는 시장 환경에 효과적으로 대응할 수 있을 것이다.

참고문헌

마이크로소프트 다이내믹스 365 공급망 관리 소개 홈페이지. https://www.microsoft.com/ko-kr/dynamics-365/products/supply-chain-management#tabs-pill-bar-oca8aa_tab0

05
물류 데이터와 AI 대시보드

현대 물류 산업은 데이터 중심으로 변모하고 있다. 이제 효과적 데이터 활용이 기업 성공의 열쇠다. 단순 수집을 넘어 데이터를 시각화하고 통찰을 제공하는 도구가 필요한데, AI 대시보드가 바로 그러한 도구다. AI 대시보드는 실시간 데이터 분석과 시각화를 통해 물류 관리자가 신속하게 데이터 기반 의사 결정을 내릴 수 있도록 지원한다. IBM 왓슨의 사례를 통해 AI 대시보드가 물류 데이터 분석과 운영 효율화에 어떻게 기여하는지 살펴보자.

AI와 아이돌?

AI 대시보드의 정의와 역할

AI 대시보드는 물류 데이터를 실시간으로 수집·분석·시각화해 관리자에게 제공하는 통합 플랫폼으로, 전통적 대시보드에서 한층 발전된 형태다. 단순히 데이터를 표시하는 것을 넘어 AI 기술을 활용해 실시간 모니터링과 예측 분석, 자동화된 알림, 의사 결정 지원 등의 고급 기능을 제공한다.

실시간 데이터 모니터링은 AI 대시보드의 기본적 기능이다. 이 플랫폼은 물류 흐름과 운영 상황을 실시간으로 추적하며, 관리자에게 현재 상태를 명확히 보여 준다. 예를 들어 배송 차량의 위치, 물류 허브의 작업량, 재고 상태 등을 실시간으로 모니터링해 운영 효율성을 유지하고 문제를 조기에 감지할 수 있다. 이러한 기능은 관리자가 즉각적으로 상황을 파악할 수 있게 하며, 물류 네트워크의 투명성을 높인다.

예측 분석은 AI 대시보드의 고급 기능 중 하나로, 과거 데이터를 분석해 미래의 물류 흐름을 예측한다. AI는 판매 기록, 계절적 트렌드, 지역별 수요 데이터에 기반해 물류 네트워크의 변화를 예측하고, 관리자에게 그러한 변화를 사전에 대비할 기회를 제공한다. 예를 들어 특정 시즌 동안 특정 상품의 수요가 급증할 것으로 예상되면,

AI는 그러한 예상에 기반해 재고를 보충하거나 추가 배송 차량을 배치하는 등 다양한 전략을 제안할 수 있다.

자동화된 알림 시스템은 AI 대시보드가 제공하는 실시간 대응 능력을 강화한다. 이 시스템은 이상 상황 발생 시 관리자에게 즉각적으로 경고하며, 신속한 조치를 가능하게 한다. 예를 들어 배송 경로에서 교통 체증이나 사고가 발생했을 때 AI는 이를 감지하고 대체 경로를 제안하면서 관리자에게 알림을 보낸다. 이러한 기능은 문제 상황에 대한 대응 속도를 높이고 물류 운영의 안정성을 유지하는 데 기여한다.

의사 결정 지원은 AI 대시보드가 제공하는 가장 중요한 기능 중 하나다. AI는 실시간 데이터와 예측 분석 결과를 바탕으로 최적의 운영 전략을 제안하며, 관리자가 데이터에 기반해 더 나은 결정을 내릴 수 있도록 돕는다. 예를 들어 AI는 배송 경로를 최적화하거나 특정 물류 허브의 작업량을 재조정하는 방안을 제안해 비용을 절감하고 효율성을 극대화할 수 있다.

AI 대시보드는 데이터 시각화뿐 아니라 실시간 모니터링, 예측 분석, 자동화된 알림, 의사 결정 지원과 같은 기능을 통해 물류 관리의 새로운 표준을 제시하고 있다. 이러한 플랫폼은 관리자에게 더 나은 통찰력을 제공하며, 물류 운영의 효율성과 안정성을 동시에 강화한다. AI 대시보드는 현대 물류 산업의 필수 도구로 자리 잡고 있으며, 지속 가능한 경쟁 우위를 확보하는 데 핵심적인 역할을 한다.

물류 데이터 분석과 시각화의 중요성

물류 데이터는 그 복잡성과 방대함에서 다른 산업의 데이터와 차별화된다. 운송 경로, 재고 상태, 주문 처리 속도, 소비자 행동 등 다양한 분야에서 데이터가 실시간으로 생성된다. 이처럼 방대한 데이터를 분석하고 시각화하는 것은 물류 운영에 필수적이며, 기업이 운영 효율성을 높이고 리스크를 관리하며 더 나은 의사 결정을 내리는 데 핵심 역할을 한다.

운영 투명성 확보는 데이터 시각화가 제공하는 가장 기본적인 이점이다. 물류 프로세스의 각 단계를 시각적으로 명확히 보여 줌으로써 운영의 투명성을 높일 수 있다. 예를 들어 물류 허브의 작업량, 배송 차량의 실시간 위치, 재고 상태 등을 한눈에 확인할 수 있는 대시보드는 관리자가 복잡한 네트워크를 쉽게 이해하고 통제할 수 있도록 돕는다. 이러한 투명성은 프로세스를 개선하고 문제를 해결하는 데 중요한 기반을 제공한다.

효율성 향상은 데이터 분석이 물류 운영에 제공하는 주요 혜택 중 하나다. 데이터는 물류 프로세스에서 비효율적인 요소를 식별하는 데 사용될 수 있다. 예를 들어 데이터 분석을 통해 특정 배송 경로에서 반복적으로 발생하는 지연 문제가 식별된다면 이를 해결하기 위해 대체 경로를 설계하거나 작업량을 재분배할 수 있다. 이는 물류 운영의 생산성과 비용 효율성을 동시에 개선한다.

리스크 관리는 예측 분석 기술과 결합된 데이터의 또 다른 강력한 활용 사례다. 물류 데이터는 잠재적 위험 요소를 사전에 감지하고 대응책을 마련하는 데 사용된다. 예를 들어 기상 정보와 교통 데이터를 분석해 특정 배송 경로에서 발생할 가능성이 높은 지연이나 사고를 예측할 수 있다. 이를 통해 기업은 문제 발생 전에 대처 방안을 마련하고 운영의 연속성을 유지할 수 있다.

의사 결정 속도 향상은 데이터 시각화가 제공하는 또 다른 중요한 이점이다. 시각화된 데이터는 복잡한 정보를 간단하고 이해하기 쉬운 형태로 제공함으로써 관리자가 빠르게 결정을 내릴 수 있도록 한다. 예를 들어 대시보드에서 한눈에 확인할 수 있는 재고 상태와 주문 흐름 정보는 재고 보충이나 배송 일정 조정을 신속하게 결정할 수 있게 한다. 이는 물류 운영에서 시간에 민감한 작업에 특히 중요하다.

물류 데이터의 분석과 시각화는 운영 투명성 확보, 효율성 향상, 리스크 관리, 의사 결정 속도 향상 등 다양한 이점을 제공한다. 이러한 접근은 물류 운영의 모든 단계를 더 잘 이해하고 최적화할 수 있도록 지원하며, 기업이 복잡하고 변화무쌍한 시장 환경에서 경쟁 우위를 유지하는 데 중요한 역할을 한다. 물류 데이터는 단순한 정보 이상의 가치를 지니며, 이를 효과적으로 활용하는 기업이 지속 가능한 성장을 이룰 수 있을 것이다.

IBM 왓슨을 활용한 AI 대시보드 사례

IBM의 AI인 왓슨(Watson)은 AI 기반 데이터 분석 · 시각화 기술을 활용해 물류 운영의 효율성을 높이는 데 중요한 역할을 하고 있다. 왓슨은 물류 데이터를 통합적으로 관리하고 물류 관리자들에게 실시간 인사이트를 제공한다.

실시간 모니터링과 이상 감지

왓슨 AI 대시보드는 물류 데이터의 흐름을 실시간으로 모니터링하며, 이상 징후를 발견하면 즉시 관리자에게 경고한다. 예를 들어 특정 창고에서 재고 수준이 임계치 아래로 떨어지면 왓슨은 이를 실시간으로 감지해 관리자에게 알린다. 이러한 경고는 즉각적인 조치를 취할 수 있게 해 재고 부족으로 인한 주문 처리 지연을 방지한다.

또한 AI 알고리즘은 운송 지연 예측 기능을 통해 트래픽 패턴, 날씨 변화, 도로 공사와 같은 다양한 요인을 분석해 운송 지연 가능성을 사전에 예측한다. 왓슨은 이 예측에 기반해 관리자에게 지연 가능성을 경고할 뿐 아니라 최적화된 대체 경로를 제안함으로써 물류 운영의 효율성을 높인다.

이처럼 왓슨 AI 대시보드는 실시간 데이터 분석과 예측 기능을 통해 물류 운영에서 발생할 수 있는 문제를 조기에 식별하고 신속히 대응할 수 있도록 돕는다.

데이터 시각화를 통한 인사이트 제공

왓슨 대시보드는 복잡한 데이터를 더욱 직관적으로 이해할 수 있도록 다양한 시각화 도구를 제공한다. 예를 들어 지리적 데이터 시각화 기능으로 배송 경로와 물류 흐름을 지도에 표시해 사용자가 물류 네트워크 전반을 한눈에 파악할 수 있도록 돕는다. 이를 통해 병목 현상이 발생하는 지역이나 비효율적인 경로를 쉽게 식별할 수 있으며, 물류 운영의 개선점을 효과적으로 찾을 수 있다.

또한 실적 분석 차트를 활용해 물류 프로세스의 주요 성과 지표(Key Performance Indicator, KPI)를 그래프로 시각화한다. 이러한 차트는 처리 시간, 배송 정확도, 비용 효율성 등 다양한 성과 지표를 명확히 보여 줌으로써 개선이 필요한 영역과 우수한 성과를 내고 있는 부문을 명확히 구분할 수 있게 한다.

이처럼 왓슨 대시보드의 시각화 도구는 복잡한 데이터의 이해를 돕고, 데이터 기반 의사 결정을 효율적으로 지원해 물류 운영의 전반적 성과를 향상한다.

예측 분석과 전략적 의사 결정 지원

왓슨은 머신러닝 모델을 활용해 미래의 물류 수요를 예측하고, 이 예측에 기반해 최적의 운영 전략을 제안한다.

예를 들어 수요 예측 기능은 과거 데이터를 심층적으로 분석해 특정 상품의 수요가 증가할 시기를 미리 예측한다. 이를 통해 왓슨은 예상되는 수요 증가에 대비해 적절한 재고를 사전에 배치함으로써 재고 부족으로 인한 문제를 예방하고, 고객의 요구를 신속하게 충족할 수 있도록 돕는다.

또한 왓슨은 비용 절감 제안 기능으로 데이터에 기반해 가장 비용 효율적인 운송 경로와 배송 일정을 추천한다. 이 과정에서 트래픽 패턴, 운송 거리, 연료 비용 등을 종합적으로 고려해 운영 비용을 최소화하고 물류 효율성을 극대화할 전략을 제공한다.

이처럼 왓슨의 머신러닝 기반 예측·제안 기능은 물류 운영의 정확성과 효율성을 크게 향상하며, 기업이 데이터 중심의 스마트한 의사 결정을 내릴 수 있도록 지원한다.

AI 대시보드의 주요 기술 요소

AI 대시보드가 효과적으로 작동하는 데 필요한 주요 기술 요소는 다음과 같다.

첫째 요소는 데이터 통합이다. AI 대시보드는 재고 시스템, 운송 관리 시스템 등 다양한 출처에서 데이터를 수집하고 통합해 물류 운영 전반에 대한 일관된 정보를 제공한다. 데이터의 통합은 다양한 시스템 간 연결성을 확보하고 데이터 중복이나 누락을 방지할 수 있게 한다.

둘째 요소는 실시간 분석 기능이다. AI 알고리즘을 통해 수집된 데이터를 실시간으로 분석해 물류 운영과 관련된 인사이트를 도출한다. 이를 통해 문제를 조기에 식별하고 신속하게 대응할 수 있으며, 실시간으로 변동하는 환경에 유연하게 대처할 수 있다.

셋째 요소는 시각화 도구다. AI 대시보드는 데이터를 그래프, 차트, 맵 등의 형태로 시각화해 복잡한 데이터를 직관적으로 이해할 수 있게 한다. 이러한 시각화는 사용자가 문제의 원인을 쉽게 파악하고 데이터 기반 결정을 더 효율적으로 내릴 수 있도록 돕는다.

넷째 요소는 예측 모델링 기술이다. 머신러닝을 활용해 물류 흐름과 수요를 예측함으로써 운영 계획을 미리 세우고 자원을 효율적으로 배분할 수 있다. 이는 물류 시스템의 안정성을 높이고 예기치 못한 상황에 대한 대비책을 마련하는 데 유용하다.

다섯째 요소는 사용자 친화적 인터페이스다. 대시보드는 관리자들이 쉽게 접근하고 사용할 수 있도록 직관적이고 간단한 인터페이스를 제공해야 한다. 이러한 인터페이스는 사용자 경험을 향상하고 시스템을 효과적으로 활용할 수 있게 한다.

이들 기술 요소는 AI 대시보드가 기업이 물류 관리에서 운영 효율성과 경쟁력을 높이는 데 필수적인 기반을 제공한다.

AI 대시보드가 물류 운영에 미치는 영향

AI 대시보드는 물류 운영의 여러 측면에 중요한 긍정적 영향을 미친다.

첫째, 의사 결정 속도와 정확성이 향상된다. AI 대시보드는 실시간 데이터와 예측 분석 기능을 제공함으로써 관리자들이 신속하고 정확한 결정을 내릴 수 있도록 돕는다. 이를 통해 변화하는 시장 상황이나 긴급한 문제에도 효과적으로 대응할 수 있다.

둘째, 비용 절감에 기여한다. 운영 과정에서 발생하는 비효율성을 제거하고, 최적의 자원 배치를 지원함으로써 불필요한 비용을 줄일 수 있다. AI는 특히 운송 경로 최적화, 재고 관리 개선, 인력 배치 최적화를 통해 운영 비용을 획기적으로 절감한다.

셋째, 고객 서비스가 개선된다. AI 대시보드는 배송 지연이나 재고 부족과 같은 문제를 사전에 예측하고 방지함으로써 고객에게 신속하고 안정적인 서비스를 제공할 수 있도록 한다. 이는 고객 만족도를 높이고, 기업의 신뢰도와 경쟁력을 강화하는 데 중요한 역할을 한다.

넷째, 리스크 관리 능력이 강화된다. AI는 이상 상황을 실시간으로 감지하고, 문제 해결을 위한 대안을 즉각적으로 제안한다. 이를 통해 운영 중 발생할 수 있는 다양한 리스크를 사전에 식별하고 기업이 안정적인 운영을 유지할 수 있도록 지원한다.

이처럼 AI 대시보드는 의사 결정에서 리스크 관리에 이르기까지 물류 운영의 모든 측면에 긍정적인 영향을 미치며, 기업의 효율성과 서비스 품질을 동시에 향상하는 데 크게 기여한다.

AI 대시보드의 도전 과제와 개선 방향

AI 대시보드는 물류 관리에 여러 이점을 제공하지만, 이를 효과적으로 활용하기 위해 해결해야 할 몇 가지 도전 과제도 존재한다.

첫째 과제는 데이터 품질 관리다. AI 대시보드의 성능은 입력되는 데이터의 정확성과 일관성에 크게 의존하므로, 품질이 낮은 데이터는 잘못된 분석 결과를 초래할 수 있다. 이를 방지하기 위해 기업은 데이터 품질 관리 시스템을 도입하고, 지속적으로 데이터를 검증 · 정제하는 프로세스를 운영해야 한다.

둘째 과제는 사용자 교육이다. AI 대시보드는 고급 기능과 복잡한 분석 도구를 포함하고 있기 때문에, 관리자들이 이를 효과적으로 활용하려면 충분한 교육을 받아야 한다. 체계적인 교육 프로그램과 실습 기회를 제공함으로써 관리자들이 대시보드의 잠재력을 최대한 활용할 수 있도록 지원해야 한다.

셋째 과제는 보안 문제의 해결이다. 물류 데이터는 공급망 파트너와 고객의 민감한 정보를 포함하고 있어 데이터 유출 시 큰 피해를 초래할 수 있다. 기업은 강력한 보안 프로토콜을 도입하고, 정기적으로 보안 시스템을 점검하며, 데이터 암호화와 접근 제어를 강화해 이러한 위험을 최소화해야 한다.

이러한 도전 과제를 해결하기 위해 기업은 데이터 품질 관리 시스템의 도입, 관리자 교육 프로그램 강화, 엄격한 보안 프로토콜 준수를 우선적으로 추진해야 한다. 이를 통해 AI 대시보드의 성능을 최대화하고, 물류 관리에서의 혁신을 성공적으로 실현할 수 있을 것이다.

AI 대시보드가 열어 가는 물류 관리의 미래

AI 대시보드는 데이터 중심 물류 관리의 핵심 도구로, 운영 효율성과 의사 결정 속도를 획기적으로 향상하고 있다. IBM 왓슨과 같은 첨단 AI 대시보드는 실시간 데이터 분석, 예측 모델링, 시각화 도구를 결합해 물류 관리자가 복잡한 데이터를 좀 더 쉽게 이해하고 활용할 수 있도록 지원한다. 이러한 기술은 물류 프로세스 전반에 걸쳐 더 나은 결과를 도출할 기회를 제공하며, 기업의 운영 효율성과 서비스 품질을 동시에 향상한다.

앞으로 AI 대시보드는 더욱 정교해지고, 물류 관리의 모든 측면에서 필수적인 도구로 자리 잡을 것이다. AI 대시보드의 지속적 발전은 물류 데이터를 더욱 심층적으로 분석하고, 예측 정확도를 높이며, 이상 상황에 대한 대응 속도를 단축하는 방향으로 나아갈 것이다. 또한 관리자들이 더욱 효과적으로 리소스를 관리하고, 변화하는 시장 환경에 민첩하게 대응할 수 있도록 도울 것이다.

AI 대시보드의 발전은 효율성을 제고할 뿐 아니라 지속 가능한 경쟁력 확보에도 중요한 역할을 할 것이다. 데이터에 기반한 의사 결정이 가능해지면서 기업은 리스크를 줄이고, 비용을 절감하며, 고객 만족도를 더욱 높일 수 있게 된다. 이러한 변화는 궁극적으로 물류 관리의 패러다임을 전환하면서 물류 산업의 미래를 새롭게 정의할 것이다. AI 대시보드는 기업들이 이러한 미래를 향해 나아가는 데 필수적인 파트너로 자리매김할 것이다.

참고문헌

IBM 대시보드 소개 홈페이지.
https://dataplatform.cloud.ibm.com/docs/content/wsj/getting-started/get-start-story.html?locale=ko&context=cpdaas

06

AI와 예측 분석을 통한 수요 관리

현대 물류와 공급망 관리는 불확실성과 복잡성에 직면하고 있다. 이에 대한 신속한 대응이 기업 경쟁력의 핵심이 되고 있다. AI 기반 예측 분석은 과거 데이터를 활용해 미래 수요를 정확히 예측하고, 공급망과 물류를 최적화하는 혁신 도구로 자리 잡았다. AI와 예측 분석이 수요 관리를 지원하는 방법과 물류 효율성을 극대화하는 방안을 나이키와 아디다스의 사례를 통해 살펴보자.

AI와 야구?

예측 분석의 정의와 역할

예측 분석은 과거 데이터와 현재 데이터를 기반으로 미래의 추세와 결과를 예측하는 데이터 분석 기술이다. 이 과정에서 AI는 중심 역할을 하며, 방대한 데이터 속에서 복잡한 패턴을 인식하고 데이터 간의 상관관계를 도출해 정교한 예측 모델을 생성한다. 이를 통해 기업은 미래를 더욱 명확히 예측하고 전략적 의사 결정을 내릴 수 있다. 예측 분석은 특히 수요 관리에서 다음과 같은 핵심 역할을 수행한다.

첫째, 수요 예측을 통해 소비자의 구매 패턴을 분석하고 특정 시점에 필요한 재고 수준을 예측한다. 이는 재고 부족으로 인한 판매 손실이나 과도한 재고로 인한 비용 낭비를 방지하며, 고객의 요구를 신속히 충족할 수 있도록 한다.

둘째, 생산 계획을 최적화한다. 예상 수요 데이터를 바탕으로 생산 일정을 효율적으로 조정해 과잉 생산과 재고 부족을 동시에 방지할 수 있다. 이를 통해 생산 운영의 효율성을 높이고 비용을 절감할 수 있다.

셋째, 공급망을 효율화한다. 예측 데이터를 활용해 공급망의 자원 배치를 최적화함으로써 물류 비용을 줄이고 운송·보관 프로세스를 개선할 수 있다. 이는 전체 공급망의 신뢰성과 유연성을 강화하는 데 중요한 역할을 한다.

넷째, 비용을 절감한다. 정확한 예측을 통해 불필요한 재고와 물류 비용을 줄이고, 효율적인 자원 활용을 가능하게 함으로써 기업의 운영 비용을 크게 절감할 수 있다.

이처럼 예측 분석은 기업이 데이터 중심의 전략을 수립하고 변화하는 시장 환경에 선제적으로 대응할 수 있도록 돕는 강력한 도구다. AI와 결합한 예측 분석 기술은 수요 관리뿐 아니라 기업의 전체 운영 효율성을 높이고 지속 가능한 성장을 촉진하는 데 중요한 역할을 한다.

AI와 수요 예측의 통합

AI는 예측 분석의 효율성을 극대화하는 데 중요한 역할을 하며, 기존의 통계 기반 예측 모델보다 성능이 뛰어나다. AI는 대량의 데이터와 복잡한 변수를 처리하면서 변화하는 시장 상황에 유연하게 대응할 수 있는 능력을 갖추고 있다. 이는 기업이 더욱 정확하고 신속한 의사 결정을 내리는 데 큰 도움을 준다.

머신러닝과 딥러닝: AI 기반 수요 예측의 핵심 기술

AI 기반 예측 분석은 머신러닝과 딥러닝 기술을 활용해 데이터에서 유의미한 패턴을 찾아내고 미래를 예측하며, 기업이 전략적 의사 결정을 내릴 수 있도록 지원한다. 이러한 기술은 단순한 데이터 분석을 넘어 물류, 생산, 마케팅 등 다양한 비즈니스 영역에서 혁신을 이끄는 핵심 도구로 자리 잡고 있다. 예측 분석의 주요 작동 방식은 패턴 인식, 정교한 모델링, 실시간 예측으로 구분할 수 있다.

패턴 인식은 AI 기반 예측 분석의 첫 단계로, AI 알고리즘이 판매 데이터, 소비자 행동 데이터, 계절적 요인 등 다양한 데이터를 분석해 미래 수요에 영향을 미칠 수 있는 패턴을 찾아내는 과정이다. 예를 들어 AI 알고리즘은 특정 제품의 판매가 여름철에 급증하는 이유를 분석하거나, 소비자 행동 변화를 파악해 기업이 그러한 변화를 사전에 대비할 수 있도록 돕는다. 이러한 패턴 인식은 기업이 시장 트렌드를 이해하고 수요 예측의 정확도를 높이는 데 필수적인 역할을 한다.

정교한 모델링은 머신러닝의 핵심 기능으로, AI 모델이 과거 데이터를 학습하고 예측 정확도를 지속적으로 개선하는 과정이다. 머신러닝 모델은 학습 과정에서 변수 간의 상관관계를 파악해 새로운 상황에 적응할 수 있는 정교한 모델을 생성한다. 예를 들어 특정 지역에서의 날씨 변화와 그 지역의 상품 수요 간 상관관계를 파악해 날씨에 따라 상품 재고를 최적화할 수 있다. 이와 같은 모델링은 예측 분석의 신뢰성을 크게 향상하며, 기업이 데이터를 기반으로 정확한 결정을 내릴 수 있도록 지원한다.

실시간 예측은 AI가 새로운 데이터를 지속적으로 분석하고, 그 분석 결과를 예측에 반영해 실시간으로 업데이트하는 기능이다. 급변하는 시장 환경에서 실시간 예측은 매우 유용하며, 기업이 변화하는 고객 요구나 외부 요인에 신속하게 대응할 수 있도록 한다. 예를 들어 소비자의 구매 트렌드가 갑작스럽게 변화하거나 외부 공급망 문제가 발생하면 AI는 이를 즉시 감지하고 대안을 제시함으로써 운영 효율성을 유지하도록 돕는다.

이러한 기술들은 비즈니스 전반에서 예측 분석의 가치를 극대화한다. AI 기반 예측 분석은 물류 네트워크 최적화, 생산 계획 수립, 마케팅 캠페인 설계 등 다양한 비즈니스 영역에서 활용되며, 기업이 데이터에 기반한 전략을 구현하고 변화하는 환경에 유연하게 대응할 수 있도록 돕는다.

머신러닝과 딥러닝을 활용한 AI 기반 예측 분석은 기업이 경쟁력을 확보하고 데이터에 기반해 미래를 준비할 수 있도록 지원하는 강력한 도구다. 이를 통해 기업은 불확실성을 줄이고, 더욱 정교하고 효과적인 비즈니스 전략을 수립할 수 있다. AI는 현대 비즈니스의 핵심 축으로 자리 잡고 있으며, 지속 가능한 성장을 위한 필수 기술로서 그 중요성이 날로 커지고 있다.

나이키와 아디다스: AI 기반 수요 관리 사례

나이키는 AI 기반 예측 분석을 통해 수요 관리와 공급망 운영을 혁신하며 성공적인 결과를 이끌어 냈다. 고객 구매 데이터, 마케팅 캠페인 데이터, 소셜 미디어 트렌드 등 다양한 데이터를 통합적으로 관리하고 분석할 수 있는 데이터 통합 플랫폼을 구축했다. 이 플랫폼을 통해 나이키는 데이터 간의 연관성을 파악하고 수요 예측의 정확도를 높일 수 있었다.

나이키는 머신러닝 알고리즘을 활용해 특정 지역의 수요와 시즌별 인기 상품의 수요를 정확히 예측했다. 이 예측 모델은 고객의 선호도와 트렌드를 반영해 제품 생산 · 물류 계획을 최적화하는 데 기여했다. 또한 나이키는 AI를 활용해 매장에서의 실시간 판매 데이터를 분석하고 필요한 재고를 즉각적으로 배치함으로써 과잉 재고 문제를 최소화했다.

이와 같은 접근법은 나이키가 물류 비용을 절감하고 고객 서비스 품질을 향상하는 데 기여했다. 더 나아가 공급망 운영의 유연성을 강화해 나이키가 예상치 못한 수요 변화에도 신속히 대응할 수 있는 역량을 갖추게 했다.

아디다스는 소비자 데이터를 중심으로 AI 기반 예측 분석을 활용해 수요 관리 전략을 강화했다. 아디다스는 온라인 플랫폼에서 소비자의 행동 데이터를 분석해 고객이 선호할 만한 상품을 추천하는 개인화된 제품 추천 시스템을 도입했다. 이러한 접근법은 고객 만족도를 높이고 매출 증대에 기여했다.

또한 아디다스는 AI를 활용해 특정 지역에서의 상품 선호도를 예측하고, 지역별로 맞춤형 공급망을 최적화했다. 이를 통해 지역별 고객의 요구를 충족하는 동시에 물류 운영의 효율성을 높이는 성과를 거두었다.

아울러 아디다스는 AI를 활용해 불필요한 생산과 물류 과정을 줄이면서 환경적 지속 가능성을 강화했다. 이러한 노력은 아디다스가 지속 가능성 목표를 달성하는 데 기여했으며, 아디다스의 브랜드 이미지를 제고하는 결과를 가져왔다. 이러한 AI 기반 수요 관리 전략은 아디다스가 글로벌 시장에서 입지를 강화하는 데 중요한 역할을 했다고 평가받는다.

AI 기반 예측 분석의 이점

AI와 예측 분석의 통합은 수요 관리와 물류 운영의 효율성을 극대화하며, 기업의 경쟁력을 강화하는 데 중요한 역할을 하고 있다. 이러한 통합은 데이터 분석과 운영 최적화를 통해 기업이 더욱 정확하고 전략적인 결정을 내릴 수 있도록 돕는다. 이 과정에서 AI와 예측 분석은 다음과 같은 주요 이점을 제공하고 있다.

첫째, 예측 정확도가 획기적으로 향상된다. AI는 복잡한 데이터 상호작용과 다양한 변수 간 관계를 분석해 정확도가 높은 수요 예측을 제공한다. 이를 통해 기업은 특정 시점, 지역, 제품별로 예상되는 수요를 정확히 파악할 수 있으며, 불확실성을 줄이고 더욱 신뢰할 만한 계획을 수립할 수 있다. 예측 정확도의 향상은 생산, 재고, 배송 등 물류 프로세스 전반에서 발생할 수 있는 문제를 사전에 예방할 수 있게 한다.

둘째, 운영 효율성이 크게 증대된다. AI 기반 예측 분석은 예상되는 수요를 바탕으로 생산, 재고, 물류 자원을 효율적으로 관리할 수 있는 체계를 구축한다. 예를 들어 특정 제품에 대한 높은 수요가 예상되면 사전에 생산을 조정하고 재고를 적절하게 배치해 공급망 운영의 병목 현상을 방지할 수 있다. 이를 통해 기업은 자원을 최적화하고 운영 과정에서 발생할 수 있는 낭비를 최소화할 수 있다.

셋째, 비용을 절감할 수 있다. AI는 과잉 재고와 재고 부족 문제를 방지하는 데 중요한 역할을 한다. 정확한 수요 예측을 통해 기업은 불필요한 재고로 인해 발생하는 보관 비용을 줄이고, 재고 부족으로 인한 판매 기회 손실을 방지할 수 있다. 또한 효율적인 자원 배치와 물류 경로 최적화를 통해 운송·운영 비용을 절감할 수 있다.

넷째, 고객 만족도가 향상된다. 예측 분석은 고객의 요구를 더욱 정확히 파악하고, 적시에 적절한 제품을 제공할 수 있도록 지원한다. 이를 통해 고객은 자신이 필요로 하는 제품을 원활하게 구매할 수 있으며, 이는 기업의 신뢰도를 높이고 고객 충성도를 강화하는 데 기여한다. 특히 AI를 활용한 예측 분석은 고객의 구매 패턴과 선호도를 분석해 맞춤형 서비스를 제공함으로써 고객 경험을 더욱 향상한다.

이처럼 AI와 예측 분석의 통합은 기업의 운영 효율성을 높이고, 비용을 절감하며, 고객 만족도를 향상하는 데 결정적인 역할을 한다. 이러한 기술 활용은 운영 최적화를 넘어 기업이 변화하는 시장 환경에서 지속 가능한 성장을 이루는 데 필수적인 도구로 자리 잡고 있다.

AI 기반 수요 관리의 도전 과제

AI 기반 수요 관리는 다양한 이점을 제공하며 기업의 운영 효율성과 경쟁력을 강화하는 데 중요한 역할을 하고 있다. 그러나 이 기술을 성공적으로 도입하고 활용하려면 몇 가지 도전 과제를 해결해야 할 것이다.

첫째 과제는 데이터 품질과 접근성의 문제다. AI 기반 예측 분석의 성능은 데이터의 품질과 양에 크게 의존한다. 데이터가 불완전하거나 불일치할 경우 AI의 분석 결과와 예측의 정확도가 저하될 수 있다. 예를 들어 다양한 출처에서 수집된 데이터가 일관되지 않거나 오류가 포함되어 있으면 AI 모델이 잘못된 결론을 도출할 가능성이 높아진다. 이를 해결하려면 기업은 데이터를 정제하고 통합할 수 있는 체계적인 데이터 관리 프로세스를 도입해야 한다.

둘째 과제는 기술적 복잡성이다. AI와 머신러닝 모델을 효과적으로 구축하고 운영하려면 높은 수준의 기술적 전문성과 자원이 필요하다. 특히 적절한 알고리즘을 선택하고 이를 비즈니스 상황에 맞게 조정하는 작업은 상당한 전문 지식과 경험을 요구한다. 또한 모델의 성능을 지속적으로 모니터링하고 개선하려면 AI 전문가와 데이터 과학자의 지속적인 참여가 필요하다. 기술적 전문성이 부족한 기업은 이러한 과제를 해결하기 위해 외부 전문가와의 협업이나 적절한 교육 프로그램을 통해 역량을 강화해야 한다.

셋째 과제는 비용 문제다. AI 기반 시스템을 구축하고 운영하는 과정에서 발생하는 초기 비용과 지속적인 유지보수 비용이 높을 수 있다. 데이터 수집, 저장, 분석을 위한 인프라를 구축하고 AI 모델 개발·최적화를 위해 고급 소프트웨어와 하드웨어를 활용해야 하므로 상당히 높은 초기 투자 비용이 요구된다. 또한 시스템이 가동된 이후에도 정기적인 업그레이드와 운영을 위한 비용이 지속적으로 발생한다. 따라서 기업은 초기 투자에 대한 명확한 투자수익률(Return on Investment, ROI)을 평가하고, 장기적으로 비용을 절감하기 위한 전략을 마련해야 한다.

AI 기반 수요 관리는 여러 이점을 제공하지만, 데이터 품질, 기술적 복잡성, 비용 문제와 같은 도전 과제를 해결하지 못하면 기대했던 성과를 달성하기 어렵다. 이를 극복하기 위해 기업은 체계적인 데이터 관리, 기술 역량 강화 그리고 비용 효과적인 운영 전략을 수립해 AI 도입을 성공적으로 추진해야 한다.

AI와 예측 분석의 잠재력

AI와 예측 분석은 수요 관리 분야에서 혁신을 이끌어 내며 게임 체인저(game changer)로 자리 잡고 있다. 나이키와 아디다스의 사례는 AI 기반 예측 분석이 수요 관리와 물류 운영을 효율적으로 개선하고 기업의 경쟁력을 강화하는 데 어떤 방식으로 기여할 수 있는지 명확히 보여 준다.

나이키는 AI를 활용해 데이터를 통합적으로 관리하고, 정교한 예측 모델과 실시간 재고 관리를 통해 공급망 운영의 효율성을 극대화했다. 이를 통해 물류 비용을 절감하고 고객 서비스를 향상했으며, 예상치 못한 수요 변화에도 유연하게 대응할 수 있는 역량을 확보했다. 반면 아디다스는 소비자 중심의 데이터를 분석해 개인화된 제품 추천과 지역 맞춤형 공급망 최적화를 실현했다. 또한 AI를 활용해 불필요한 생산과 물류를 줄이며 지속 가능성을 강화했다. 이러한 사례들은 AI 기반 예측 분석이 수요 관리 전략의 핵심 도구로 자리 잡고 있음을 잘 보여 준다.

앞으로 AI 기술이 더욱 발전하면 예측 분석은 물류 운영의 필수 요소로 자리 잡을 것이다. AI의 발전은 예측 정확도를 더욱 높이고, 실시간 분석과 예측의 속도를 향상하며, 복잡한 시장 변수에도 신속히 대응할 수 있는 능력을 제공할 것이다. 이는 기업들이 시장 변화에 민첩하게 대응하고 경쟁력을 유지하는 데 중요한 역할을 할 것이다.

기업들은 이러한 기술적 발전에 발맞추어 AI 기반 수요 관리 설루션을 적극적으로 도입해야 한다. 이를 통해 변화하는 시장 환경에 선제적으로 대응하고 효율성과 지속 가능성을 동시에 확보할 수 있을 것이다.

AI와 예측 분석의 잠재력을 최대한 활용하면 기업은 미래의 물류와 공급망 관리에서 더욱 큰 성공을 거둘 수 있을 것이다. 기업들은 데이터 기반의 의사 결정과 최적화된 운영 전략을 통해 경쟁사와 차별화된 가치를 창출하며 지속 가능한 성장을 이룰 기회를 잡게 될 것이다. AI와 예측 분석은 단순한 도구를 넘어 미래의 물류와 공급망 관리를 재정의하는 핵심 동력이 될 것이다.

참고문헌

Mathews, A.(2024.7.3). How Nike is Using AI to Transform Product Design, Customer Experience, and Operational Efficiency. AIM Research, https://aimresearch.co/market-industry/how-nike-is-using-ai-to-transform-product-design-customer-experience

-and-operational-efficiency
최적화 175(2023.12.17). 2024년 디지털 시대의 패션 마케팅: 고객 중심의 새로운 패러다임 5가지. 패션! 섬유봉제 최적화175, https://optimal175.com/2024%EB%85%84-%EB%94%94%EC%A7%80%ED%84%B8-%EC%8B%9C%EB%8C%80%EC%9D%98-%ED%8C%A8%EC%85%98-%EB%A7%88%EC%BC%80%ED%8C%85-%EA%B3%A0%EA%B0%9D-%EC%A4%91%EC%8B%AC%EC%9D%98-%EC%83%88%EB%A1%9C%EC%9A%B4/

07
AI로 확장되는 물류 네트워크

세계화와 디지털화는 물류 네트워크를 지역에서 글로벌로 확장하며, 복잡한 공급망에서 효율성과 신속성을 요구한다. AI는 데이터 분석과 예측, 자동화, 최적화를 통해 글로벌 물류 혁신을 이끌고 있다. 알리바바의 스마트 물류 네트워크 차이니아오는 AI로 글로벌 물류를 혁신한 대표 사례다. AI가 글로벌 물류 네트워크 확장에 기여하는 방식과 이를 통해 기업과 소비자가 얻는 혜택을 살펴보자.

AI와 윤동주?

글로벌 물류 네트워크에서 AI의 역할

AI는 글로벌 물류 네트워크의 운영 효율성과 확장성을 높이는 데 중요한 역할을 한다. 이를 통해 기업은 복잡하고 다양한 공급망에 신속하고 정확하게 대응할 수 있으며, 소비자는 더 나은 서비스를 누릴 수 있다. AI가 글로벌 물류 네트워크에서 수행하는 주요 역할은 다음과 같다.

첫째, 실시간 데이터 분석을 통해 물류 네트워크의 각 단계에서 최적의 의사 결정을 지원한다. AI는 대규모 데이터를 빠르게 처리하고 실시간으로 분석해 물류 프로세스에서 발생하는 문제를 즉각적으로 파악한다. 예를 들어 물류 허브에서의 처리량 과부하를 탐지하거나, 특정 경로에서의 지연 가능성을 예측하고 대안을 제시함으로써 운영 효율성을 극대화할 수 있다.

둘째, 경로 최적화를 가능하게 한다. AI 알고리즘은 교통 상황, 날씨 변화, 도로 공사, 지역적 제한 요인 등을 종합적으로 분석해 가장 효율적인 운송 경로를 설계한다. 이를 통해 배송 시간을 단축하고 연료비와 탄소 배출량을 줄이는 등 긍정적인 효과를 얻을 수 있다.

셋째, 수요 예측을 통해 물류 자원의 효율적 배분을 지원한다. AI는 과거 데이터를 분석해 특정 지역과 특정 시간대에서의 상품 수요를 예측할 수 있다. 이러한 예측에 기반해 기업은 적절한 재고를 사전에 배치하고, 물류 자원을 최적화해 과잉 재고나 재고 부족으로 인한 문제를 예방할 수 있다. 이는 공급망의 안정성을 높이고, 고객이 원하는 상품을 적시에 제공할 수 있도록 돕는다.

넷째, 리스크 관리에 중요한 역할을 한다. AI는 글로벌 물류 네트워크에서 발생할 수 있는 잠재적 위험을 사전에 감지하고 대응책을 마련한다. 예를 들어 AI는 배송 경로에서 발생할 수 있는 자연재해, 사고, 정치적 갈등 등의 위험 요소를 분석해 안전하고 신속한 대체 경로를 제안한다. 이를 통해 기업은 리스크를 최소화하고 안정적인 물류 운영을 유지할 수 있다.

AI는 물류 네트워크를 더욱 효율적이고 민첩하게 운영할 수 있는 도구로 자리 잡고 있다. 실시간 데이터 분석, 경로 최적화, 수요 예측, 리스크 관리와 같은 기능은 기업이 변화하는 글로벌 시장 환경에 유연하게 대응하며 경쟁력을 유지할 수 있도록 돕는다. AI의 이러한 역할은 앞으로도 물류 네트워크의 지속 가능한 발전과 혁신에 중요한 기반이 될 것이다.

차이니아오: 글로벌 물류 네트워크의 혁신

알리바바의 스마트 물류 네트워크 차이니아오는 AI를

활용해 글로벌 물류 운영을 혁신한 대표적 사례로 꼽힌다. 차이니아오는 전자상거래와 물류를 결합한 첨단 플랫폼으로, 전 세계 소비자들에게 빠르고 효율적인 배송 서비스를 제공한다. 특히 AI 기반 기술을 활용한 물류 허브 운영은 차이니아오가 글로벌 물류 산업에서 선도적 역할을 수행할 수 있게 하는 핵심 요인 중 하나다.

AI 기반 물류 허브

차이니아오는 전 세계에 걸쳐 구축된 글로벌 물류 허브를 기반으로 물류 네트워크의 효율성을 크게 향상했다. 차이니아오의 주요 성과와 혁신 요소는 다음과 같다.

첫째는 자동화된 물류 프로세스다. 차이니아오는 AI와 로봇 기술을 활용해 물류 허브에서의 작업을 자동화했다. 상품 분류, 포장, 출하와 같은 작업들이 자동화되면서 작업 속도가 획기적으로 빨라졌고 인적 오류가 줄어들었다. AI는 상품의 크기, 무게, 배송지 등을 분석해 분류 작업을 자동으로 수행하며, 로봇은 이를 바탕으로 상품을 지정된 위치로 정확히 이동시킨다. 이러한 자동화는 물류 프로세스의 효율성을 극대화하고 대량의 주문을 처리하는 데 드는 시간과 비용을 절감했다.

둘째는 재고 관리 최적화다. AI는 각 물류 허브에서

실시간으로 수집된 재고 데이터를 분석해 지역별 수요를 예측한다. 이를 통해 차이니아오는 특정 지역에서 수요가 높은 상품을 사전에 배치해 배송 시간을 단축하고 재고 부족과 과잉 재고 문제를 예방했다. 특정 지역에서 시즌별로 인기 있는 상품을 미리 확보함으로써 소비자가 필요한 상품을 신속히 받을 수 있도록 했다. 이는 고객 만족도를 높이고 물류 운영의 안정성을 강화하는 데 중요한 역할을 했다.

셋째는 실시간 물류 추적 기술이다. 차이니아오는 사물인터넷 기술과 AI를 결합해 글로벌 물류 흐름을 실시간으로 추적할 수 있는 시스템을 구축했다. 이 시스템은 소비자와 기업에게 배송 상품의 현재 위치와 상태를 실시간으로 확인할 수 있는 기능을 제공한다. 배송이 지연되거나 문제가 발생하면 차이니아오의 AI 시스템은 이를 즉시 감지하고 대안을 제시함으로써 문제를 신속히 해결한다. 이러한 실시간 추적은 물류 운영의 투명성을 높이고 고객에게 신뢰를 제공하는 데 핵심 요소다.

경로 최적화와 배송 시간 단축

차이니아오는 AI를 활용해 배송 경로를 최적화하고, 전 세계 소비자에게 빠르고 신뢰할 수 있는 배송 서비스를 제공한다. AI는 교통 데이터와 물류 흐름을 실시간으로 분석해 가장 효율적인 경로를 선택한다. 이를 통해 차이니아오는 배송 시간을 단축하고, 비용을 절감하며, 물류 운영의 효율성을 극대화한다. 이러한 기술적 혁신 덕분에 알리바바는 전 세계 소비자에게 72시간 내 배송하겠다는 목표를 성공적으로 달성할 수 있었다. 차이니아오의 AI 기반 경로 최적화는 글로벌 물류 네트워크에 새로운 기준을 제시하고 있다.

글로벌 네트워크의 연결성 강화

차이니아오는 전 세계 물류 파트너와 협력해 글로벌 물류 네트워크를 구축한다. 이 네트워크는 다양한 국가와 지역의 물류 허브와 연결되어 있다. AI는 이 네트워크의 연결성을 강화하는 데 핵심 기술로 작용한다. AI는 물류 허브와 배송 노드 간 데이터를 통합적으로 관리해 정보의 흐름을 원활하게 만든다. 이를 통해 차이니아오는 물류 파트너 간의 효율적인 협업을 가능하게 하고, 글로벌 물류 네트워크의 운영 효율성을 높이고 있다. 차이니아오의 AI 기술은 글로벌 물류를 더욱 체계적이고 효과적으로 운영할 수 있도록 돕는다.

AI로 확장된 물류 네트워크의 주요 요소

AI를 활용한 글로벌 물류 네트워크가 성공적으로 운영되려면 여러 중요한 요소들이 조화를 이루어야 한다. 이들 요소는 AI 기술에 기반해 물류 네트워크의 효율성을 극대화하고 글로벌 물류 운영의 복잡성을 효과적으로 관리하는 데 기여한다. 그러한 요소로는 다음과 같은 것들이 있다.

첫째 요소는 데이터 통합 플랫폼이다. 글로벌 물류 네트워크는 다양한 출처에서 생성된 방대한 데이터를 다룬다. 이러한 데이터는 재고 시스템, 운송 관리 시스템, 주문 정보, 지역별 수요 데이터 등으로 구성된다. AI 기반 데이터 통합 플랫폼은 이 모든 데이터를 체계적으로 수집하고 통합해 분석과 의사 결정에 필요한 일관성 있는 정보를 제공한다. 이를 통해 물류 네트워크의 복잡한 연결성을 이해하고 관리할 수 있다.

둘째 요소는 자동화와 로봇 기술이다. 물류 허브에서의 작업 자동화는 효율성을 크게 향상한다. 분류, 포장, 출하와 같은 작업이 로봇 기술과 결합된 AI를 통해 수행되면서 작업 속도가 증가하고 오류가 줄어든다. AI는 이러한 자동화 프로세스를 정교하게 조율하며, 각 단계에서 발생할 수 있는 병목 현상을 예방하고 자원을 최적화한다.

셋째 요소는 예측 분석 모델이다. AI는 머신러닝 기술을 활용해 수요와 공급, 운송 흐름 등을 예측한다. 이를 통해 자원의 낭비를 최소화하고 필요한 상품과 물류 자원을 적시에 적절한 위치에 배치할 수 있다. 예를 들어 특정 지역에서의 계절별 수요 증가를 미리 예측함으로써 재고 부족 문제를 방지하고 공급망의 안정성을 유지할 수 있다.

넷째 요소는 실시간 의사 결정 기능이다. AI는 실시간으로 수집되는 데이터를 분석해 신속하고 정확한 결정을 내린다. 예를 들어 특정 운송 경로에서 발생하는 지연을 즉시 감지하고, 대체 경로를 제안하거나 자원을 재배치하는 등 빠르게 대응한다. 이러한 실시간 의사 결정은 물류 네트워크의 민첩성을 높이고, 예상치 못한 상황에서도 안정적인 운영을 유지할 수 있도록 돕는다.

데이터 통합 플랫폼, 자동화와 로봇 기술, 예측 분석 모델, 실시간 의사 결정은 AI 기반 글로벌 물류 네트워크를 성공적으로 운영하는 데 필수적인 요소들이다. 이들 요소가 유기적으로 작용하면서 물류 네트워크는 더욱 효율적이고 신뢰할 수 있는 시스템으로 진화하며, 기업의 경쟁력을 강화하는 데 기여한다.

AI 기반 글로벌 물류 네트워크의 이점

AI를 활용한 글로벌 물류 네트워크는 기업과 소비자 모두에게 다양한 이점을 제공하며, 물류 운영의 혁신과 고객 경험의 개선을 동시에 실현한다. 이러한 네트워크가 가져다주는 주요 이점은 다음과 같다.

첫째, 운영 효율성이 향상된다. AI는 물류 프로세스를 자동화하고 최적화해 기업이 운영 비용을 절감할 수 있도록 돕는다. 예를 들어 창고에서의 분류, 포장, 출하와 같은 작업이 AI와 로봇 기술을 통해 자동으로 진행되면서 작업 속도가 증가하고 오류가 줄어든다. 이는 기업이 자원을 더 효율적으로 활용할 수 있게 한다.

둘째, 배송 시간이 단축된다. AI는 방대한 교통 데이터와 물류 흐름을 분석해 가장 효율적인 배송 경로를 설계한다. 이를 통해 배송 시간이 대폭 단축되며, 소비자에게 더 빠른 서비스를 제공할 수 있다.

셋째, 소비자 경험이 개선된다. 신속하고 정확한 배송은 소비자 만족도를 높이고, 브랜드에 대한 신뢰와 충성도를 강화한다. 소비자는 실시간 배송 추적 시스템을 통해 자신의 상품이 어디에 있는지 확인할 수 있어, 투명성과 신뢰감을 느낄 수 있다. 이러한 서비스는 기업과 소비자 간의 관계를 더욱 강화하는 데 기여한다.

넷째, 글로벌 시장 접근성이 확대된다. AI는 글로벌 물류 네트워크를 확장해 기업이 더 넓은 시장에 접근할 수 있도록 지원한다. 기업은 AI를 활용해 전 세계 다양한 지역의 수요를 분석하고, 이에 맞춰 효율적인 공급망을 구축할 수 있다. 이는 새로운 시장에서의 기회를 발굴하고 글로벌 경쟁력을 확보하는 데 중요한 역할을 한다.

AI 기반 글로벌 물류 네트워크는 기업이 비용 효율적인 운영과 신속한 배송을 통해 경쟁 우위를 유지할 수 있도록 돕는다. 이와 동시에 소비자에게는 빠르고 신뢰할 수 있는 서비스를 제공하며, 양측 모두에게 긍정적인 가치를 창출한다. 이러한 네트워크는 기업과 소비자가 글로벌 경제에서 성공을 거두는 데 필수적인 도구로 자리 잡고 있다.

글로벌 물류 네트워크에서 AI 도입의 도전 과제

AI는 글로벌 물류 네트워크 운영을 혁신적으로 개선하며 여러 이점을 제공하지만, 성공적인 도입과 활용을 위해 해결해야 할 몇 가지 도전 과제도 존재한다. 이 도전 과제는 데이터 관리, 기술 인프라, 보안 그리고 초기 투자 비용과 관련되며, 기업이 이를 효과적으로 해결해야

AI 도입의 잠재력을 최대화할 수 있다.

첫째 과제는 데이터 품질 관리다. 글로벌 물류 네트워크는 다양한 출처에서 데이터를 수집하므로 데이터의 정확성과 일관성을 유지하는 것이 필수적이다. 만약 데이터가 불완전하거나 불일치하다면 AI 모델의 분석과 예측 정확도가 저하될 수 있다. 이를 방지하기 위해 기업은 데이터 통합 플랫폼을 구축하고 정기적으로 데이터를 검증하고 정제하는 체계를 마련해야 한다.

둘째 과제는 기술 인프라 구축이다. AI 기반 물류 네트워크를 지원하려면 안정적이고 확장 가능한 기술 인프라가 필요하다. 이는 고속 데이터 처리 능력을 갖춘 서버, 클라우드 컴퓨팅, 사물인터넷 장치와 같은 요소들로 구성된다. 이러한 인프라가 제대로 갖춰지지 않으면 AI 시스템의 성능이 제한될 수 있다. 따라서 기업은 기술 인프라에 대한 전략적 투자를 통해 지속 가능한 운영 환경을 구축해야 한다.

셋째 과제는 보안 문제의 해결이다. 글로벌 물류 네트워크는 민감한 데이터를 다루기 때문에 데이터 보안이 무엇보다 중요하다. 특히 해킹, 데이터 유출, 사이버 공격과 같은 위협에 대응할 수 있는 강력한 보안 체계가 필요하다. 이를 위해 암호화 기술, 네트워크 보안 프로토콜, 지속적인 보안 점검과 모니터링 시스템을 도입해야 한다.

넷째 과제는 초기 투자 비용이다. AI 기술 도입과 시스템 구축에는 상당히 높은 초기 비용이 수반될 수 있다. 이는 AI 기술 개발, 인프라 설치, 관련 전문가 채용 등의 과정에서 발생한다. 기업은 초기 투자 비용을 상쇄할 수 있는 장기적인 투자수익률을 철저히 분석하고, 필요한 경우 단계적으로 AI 기술을 도입하는 전략을 사용할 수 있다.

이와 같은 도전 과제들은 기업이 AI를 도입하는 과정에서 반드시 해결해야 할 문제다. 데이터 품질 관리, 기술 인프라 강화, 보안 체계 구축, 초기 투자 비용 관리 등은 성공적인 AI 도입을 위한 필수 조건이다. 이러한 도전 과제를 극복한다면, AI는 물류 네트워크의 효율성을 극대화하고 기업의 경쟁력을 한 단계 끌어올리는 중요한 도구로 자리 잡게 될 것이다.

AI가 주도하는 글로벌 물류의 미래

AI는 글로벌 물류 네트워크를 확장하고 혁신하는 데 핵심적인 역할을 한다. 알리바바 차이니아오의 사례는 AI가 어떻게 물류 효율성을 극대화하고 소비자와 기업 모두에게 얼마나 큰 가치를 제공할 수 있는지 보여 준다.

AI는 물류 프로세스를 자동화하고, 데이터를 실시간으로 분석하며, 경로를 최적화해 배송 시간을 단축하고 비용을 절감한다. 이를 통해 소비자는 신속하고 신뢰할 수 있는 서비스를 누릴 수 있고, 기업은 운영 효율성을 높이며 글로벌 경쟁력을 강화할 수 있다.

앞으로 AI 기술이 발전하면 글로벌 물류 네트워크는 더 넓은 범위와 더 높은 수준의 정교함을 갖출 것이다. AI는 물류 네트워크의 복잡한 연결성을 관리하고, 공급망의 예측 가능성을 향상하며, 변화하는 시장 요구에 신속하게 대응할 수 있는 능력을 제공할 것이다. 이러한 발전은 글로벌 물류 산업뿐 아니라 소비자 경험의 수준을 한 단계 끌어올리는 데 기여할 것이다.

기업은 AI를 전략적으로 도입하고 활용해 변화하는 글로벌 시장 환경에서 경쟁력을 유지하고 새로운 성장 기회를 창출해야 한다. AI 기반 물류 네트워크는 단순히 물류 운영을 개선하는 것을 넘어 글로벌 경제와 소비자 경험의 새로운 시대를 열어 갈 것이다. AI가 이끄는 물류 혁신은 전 세계를 더 가깝게 연결하고, 기업과 소비자 모두에게 지속 가능한 가치를 제공할 것이다.

참고문헌

알리바바 뉴스팀(2023.3.15). [알리바바 탐구④] 72시간 내 전세계로 배송하는 스마트 물류 기업, 차이냐오. 알리바바 뉴스, https://kr.alibabanews.com/alistudy4_cainiao/

08
AI와 고객 데이터 관리

현대 물류와 유통은 고객 데이터의 수집과 분석을 중심으로 변화하고 있다. AI는 이 수집과 분석을 개인화된 서비스와 물류 최적화로 연결하는 데 핵심 역할을 하고 있다. AI 기반 데이터 관리는 소비자 행동을 이해하고 맞춤형 유통 전략을 수립하며 물류 효율성을 높이는 도구로 자리 잡았다. 애플과 아마존의 사례를 통해 AI가 어떻게 고객 데이터 관리를 혁신하고 고객 경험을 강화하는지 살펴보자.

AI와 한의학?

AI를 통한 고객 데이터 관리의 중요성

고객 데이터는 기업이 고객과의 관계를 강화하고, 맞춤형 서비스를 제공하며, 경쟁 우위를 확보하는 데 필요한 중요한 자산이다. 그러나 데이터 자체는 큰 의미를 가지지 않는다. 데이터를 분석하고 유의미한 인사이트를 도출해 실질적으로 활용해야 그 가치를 발휘할 수 있다. 이때 AI는 필수적인 역할을 한다. AI는 방대한 데이터를 신속히 분석하고, 이를 바탕으로 물류와 유통 프로세스를 효율적으로 설계할 수 있도록 돕는다.

고객 데이터의 활용은 기업이 고객 행동을 이해하는 데 중요한 역할을 한다. AI는 구매 패턴, 선호도, 지역별 수요 등을 분석해 고객의 행동을 예측한다. 이를 통해 기업은 특정 상품의 수요가 증가할 시점을 미리 파악하고, 이에 맞춰 공급망과 생산 계획을 조정할 수 있다. 이러한 데이터 활용은 기업이 변화하는 시장 상황에 신속히 대응할 수 있게 하는 기반이 된다.

데이터 분석을 통한 개인화된 서비스 제공 역시 고객 데이터 활용의 핵심이다. AI는 고객의 구매 이력과 선호도를 분석해 맞춤형 상품을 추천하고, 특정 지역의 고객 요구에 맞는 유통 전략을 수립할 수 있게 한다. 이러한 개인화된 접근은 고객의 만족도를 높이고, 구매 전환율을 증가시키며, 기업의 매출 증대에 기여한다.

또한 고객 데이터는 운영 효율성을 높이는 데 기여한다. AI는 데이터를 활용해 물류와 재고 관리를 최적화함으로써 불필요한 비용을 줄이고, 배송 시간을 단축할 수 있다. 예를 들어 특정 지역의 수요를 예측해 필요한 상품을 사전에 적재함으로써 과잉 재고나 재고 부족 문제를 예방할 수 있다. 이러한 효율성은 기업의 비용 절감뿐 아니라 고객 경험의 향상으로 이어진다.

개인화된 경험을 제공함으로써 고객 충성도를 강화하는 것 역시 고객 데이터 활용의 중요한 목표다. 고객이 자신만을 위한 맞춤형 서비스를 받고 있다고 느끼면 브랜드에 대한 신뢰와 만족도가 높아진다. 예를 들어 고객에게 특별한 날에 적합한 혜택을 제공하거나, 과거 구매 경험에 기반한 추천을 제안하면 고객과의 장기적 관계를 구축할 수 있다.

결국 고객 데이터는 단순한 정보가 아니라 기업의 성공을 위한 전략적 자산이다. AI는 이 데이터를 분석하고 활용 가능하도록 변환함으로써 기업이 고객과의 관계를 강화하고, 효율성을 높이며, 지속 가능한 성장을 이룰 수 있도록 돕는다. 이를 통해 기업은 변화하는 시장 환경 속에서도 경쟁력을 유지하고 고객에게 차별화된 경험을 제공할 수 있다. 고객 데이터와 AI의 결합은 현대 비즈니스의 필수 도구로 자리 잡고 있으며, 기업의 혁신과 성장을 이끄는 열쇠가 되고 있다.

AI의 데이터 분석·활용 방식

AI는 고객 데이터를 효율적으로 분석하고 활용하기 위해 다양한 기술과 접근 방식을 사용한다. 이러한 기술들은 고객 행동을 깊이 이해하고, 개인화된 서비스를 제공하며, 기업의 마케팅 · 물류 전략을 최적화하는 데 핵심적인 역할을 한다.

AI는 우선 빅데이터 분석 기술을 통해 방대한 양의 고객 데이터를 실시간으로 수집하고 분석한다. 이를 통해 기업은 다양한 통찰을 얻을 수 있다. 예를 들어 AI는 구매 트렌드를 분석해 특정 상품에 대한 소비자 수요가 어떻게 변화하고 있는지 파악할 수 있다. 이는 기업이 인기 있는 상품에 대한 적절한 생산 · 공급 계획을 세울 수 있도록 돕는다. 또한 특정 지역에서 선호되는 상품이나 서비스 유형을 식별하는 지역별 수요 예측도 가능하다. 이러한 분석은 지역별 고객의 요구를 충족하는 물류 · 마케팅 전략을 세우는 데 중요한 기반이 된다. 아울러 AI는 고객 데이터를 기반으로 고객들을 유사한 특성을 지닌 그룹으로 분류하는 고객 세그먼트화를 수행한다. 이를 통해 기업은 특정 고객 그룹을 타깃으로 삼는 맞춤형 마케팅 전략을 수립할 수 있다.

머신러닝과 딥러닝 기술은 AI가 고객 데이터를 더 정교하게 학습하고 활용할 수 있도록 한다. 머신러닝은 고객의 과거 구매 데이터를 분석해 다음 구매를 예측하거나, 소비자가 관심을 가질 만한 새로운 상품을 추천하는 데 사용된다. 예를 들어 한 고객이 스포츠 용품을 자주 구매한다면 AI는 관련된 신제품을 추천하거나 할인 정보를 제공할 수 있다. 딥러닝 알고리즘은 데이터 간의 복잡한 관계를 분석해 더 정교한 개인화 서비스를 가능하게 한다. 딥러닝은 고객의 행동 패턴과 선호도를 심층적으로 이해하고, 고객이 필요로 하는 상품이나 서비스를 더 정확히 예측할 수 있도록 돕는다.

또한 AI는 실시간 데이터 처리 기술을 활용해 빠르게 변화하는 소비자 행동에 신속히 적응한다. 예를 들어 온라인 쇼핑 플랫폼에서 고객이 특정 상품을 검색하면, AI는 실시간으로 관련 상품을 추천하거나 해당 상품의 구매 옵션을 제공할 수 있다. 이러한 기능은 고객이 즉각적인 구매 결정을 내릴 수 있도록 돕고, 쇼핑 경험을 좀 더 원활하고 만족스럽게 만든다.

AI는 빅데이터 분석, 머신러닝 · 딥러닝, 실시간 데이터 처리와 같은 기술을 활용해 고객 데이터를 효율적으로 분석하고 활용한다. 이러한 기술은 기업이 고객 행동을 이해하고, 개인화된 서비스를 제공하며, 변화하는 시장 환경에 적응할 수 있도록 돕는다. AI를 통해 기업은 고객 경험을 개선하고, 경쟁력을 강화하며, 지속 가능한 성장을 이룰 수 있다.

애플과 아마존의 고객 데이터 관리 사례

애플은 고객 데이터 관리를 통해 개인화된 경험을 제공하는 데 탁월한 능력을 보여 주는 대표적 기업이다. 애플은 고객의 데이터를 효과적으로 통합하고 분석해 각 고객의 요구와 선호에 맞춘 서비스를 제공함으로써 고객 경험을 차별화하고 있다. 이러한 데이터 중심 접근 방식은 고객 만족도와 브랜드 충성도를 강화하는 데 크게 기여하고 있다.

애플은 애플 ID 기반 데이터 통합을 통해 고객 데이터를 효율적으로 관리한다. 애플 ID는 고객이 사용하는 모든 애플 기기와 서비스를 연결한다. 이를 통해 고객의 데이터를 일관되게 수집하고, 각 기기와 서비스에서의 사용 패턴을 통합적으로 분석할 수 있다. 예를 들어 고객이 아이폰, 아이패드, 맥북에서 동일한 계정을 사용하면, 애플은 이를 바탕으로 고객의 선호도를 파악하고 사용 경험을 최적화한다. 이러한 데이터 통합은 애플이 고객의 행동을 깊이 이해하고 일관성 있는 맞춤형 서비스를 제공하는 기반이 된다.

또한 애플은 AI 기반 추천 엔진을 활용해 고객에게 개인화된 서비스를 제공한다. 애플 뮤직은 AI 기술을 통해 고객의 청취 기록과 음악 선호도를 분석하고, 이러한 분석을 바탕으로 각 고객에게 맞춤형 음악 추천을 제공한다. 특정 장르나 아티스트를 선호하는 고객에게는 그와 유사한 새로운 곡이나 아티스트를 제안함으로써 고객의 흥미를 유지하고 서비스 참여도를 높인다. 이러한 개인화된 추천은 고객의 취향을 세심히 고려한 경험을 창출하며 애플 뮤직에 대한 충성도를 강화한다.

애플의 또 다른 중요한 전략은 프라이버시 중심 접근이다. 애플은 고객 데이터를 활용해 개인화된 서비스를 제공하면서도 데이터 프라이버시를 철저히 보호하는 데 중점을 둔다. AI 기술은 고객 데이터를 익명화해 분석하며, 민감한 정보가 노출되지 않도록 안전하게 처리한다. 이러한 접근 방식은 고객의 신뢰를 유지하고 개인화된 서비스 제공을 가능하게 한다. 예를 들어 애플은 광고·

추천 시스템에서도 데이터를 고객 개별 식별 정보와 분리해 사용한다. 이로써 고객은 자신이 보호받고 있다는 인상과 신뢰감을 느낄 수 있다.

애플의 데이터 중심 접근 방식은 고객 경험을 혁신적으로 개선하며, 개인화된 서비스를 통해 고객 만족도를 극대화하고 있다. 이와 동시에 프라이버시를 보호하는 신뢰 기반 전략은 고객과의 장기적 관계를 강화하고 브랜드 가치를 높이는 데 중요한 역할을 하고 있다. 이러한 애플의 사례는 데이터와 AI를 효과적으로 결합해 고객 경험을 혁신할 수 있다는 가능성을 보여 준다.

아마존은 AI를 활용한 고객 데이터 관리의 선두 주자로, 데이터에 기반한 정교한 분석과 혁신적 접근을 통해 유통과 물류 프로세스를 지속적으로 발전시키고 있다. 아마존은 고객 데이터를 활용해 개인화된 서비스를 제공하고, 물류 효율성을 극대화함으로써 전 세계적 성공을 거두고 있다.

아마존의 개인화된 상품 추천 시스템은 고객 경험을 향상하는 핵심 요소 중 하나이다. 이 추천 시스템은 고객의 구매 이력, 검색 기록, 장바구니 데이터를 분석해 그 고객에게 가장 적합한 상품을 추천한다. 예를 들어 고객이 특정 전자기기를 검색하거나 구매했다면 아마존은 그와 관련된 액세서리나 유사 제품을 추천한다. 이러한 개인화된 추천은 고객이 원하는 상품을 더 쉽게 찾을 수 있도록 도우며, 충동구매를 유도해 매출 증대에 크게 기여한다. 이는 단순한 상품 나열이 아니라 고객의 선호를 반영한 맞춤형 제안이라는 점에서 효과가 높다.

또한 아마존은 AI 음성 비서 알렉사(Alexa)와 음성 데이터를 활용해 개인화된 경험을 제공한다. 알렉사는 고객의 음성 명령 데이터를 분석해 고객의 요구에 최적화된 서비스를 제공한다. 예를 들어 고객이 알렉사를 통해 특정 제품을 요청하면 알렉사는 관련 상품을 추천하거나 자동으로 주문을 처리한다. 이와 같은 기능은 고객이 더욱 편리하고 빠르게 쇼핑을 즐길 수 있도록 돕는다. 또한 알렉사는 반복적인 주문이나 관심 상품의 재구매를 자동화해 고객 경험을 간소화한다. 이러한 음성 기반 상호작용은 아마존이 고객과의 접점을 확대하고 개인화된 서비스를 심화하는 데 중요한 역할을 한다.

아마존의 효율적인 물류 관리는 고객 데이터를 기반으로 재고와 배송 프로세스를 최적화한다. 아마존은 고객의 구매 패턴과 지역별 수요 데이터를 분석해 상품을 사전에 적절한 창고에 배치한다. 이를 통해 고객이 주문한 상품을 더 빠르게 배송할 수 있으며, 과잉 재고나 재고 부족 문제를 최소화한다. 또한 아마존은 AI로 배송 경로를 최적화해 물류 효율성을 극대화한다. 교통 상황, 거리, 주문 밀집도를 고려한 경로 설계는 배송 시간을 단축하고 운영 비용을 절감한다. 이와 같은 전략은 아마존이 신속한 배송 서비스를 유지하면서도 낮은 비용 구조를 달성할 수 있게 했다.

아마존은 AI를 통해 고객 데이터를 효과적으로 분석하고 활용함으로써 개인화된 서비스와 물류 혁신을 실현하고 있다. 이러한 접근은 고객 경험을 개선하는 동시에 운영 효율성을 극대화하며, 아마존을 글로벌 시장에서 가장 영향력 있는 유통 기업 중 하나로 자리매김하게 했다. AI를 활용한 데이터 기반 전략은 아마존의 지속 가능한 성장과 고객 만족도 제고에 중요한 역할을 하고 있다.

AI 기반 고객 데이터 관리의 이점

AI를 활용한 고객 데이터 관리는 기업과 소비자 모두에게 중요한 가치를 제공하며, 현대 비즈니스 환경에서 필수적인 요소로 자리 잡고 있다. 이 기술은 고객의 행동과 요구를 심층적으로 이해하고, 이를 바탕으로 운영 효율성을 높이며, 경쟁력을 강화하는 데 기여한다. AI를 활용한 고객 데이터 관리가 제공하는 주요 이점은 다음과 같다.

첫째, 고객 만족도가 향상된다. AI는 고객 데이터를 분석해 개인화된 경험을 제공함으로써 고객의 요구를 충족한다. 고객의 선호도를 바탕으로 맞춤형 상품을 추천하거나, 필요한 서비스를 적시에 제공할 수 있다. 이러한 개인화된 접근은 고객이 자신만을 위한 특별한 대우를 받고 있다는 느낌을 주며, 전반적인 만족도를 높인다. 그 결과 고객은 기업에 대해 더 긍정적인 이미지를 가지게 되고, 반복적인 구매와 충성도를 유지할 가능성이 높아진다.

둘째, 운영 비용을 절감할 수 있다. AI는 데이터를 기반으로 물류와 재고 관리를 최적화해 불필요한 비용을 줄인다. 예를 들어 특정 지역에서의 수요를 예측해 적절한 재고를 사전에 배치하면 과잉 재고와 재고 부족 문제를 동시에 예방할 수 있다. 또한 AI는 효율적인 배송 경로를 설계해 운송 비용을 절감하고, 인적 자원을 더욱 효과적으로 배치할 수 있도록 돕는다. 이러한 비용 절감은 기업의 수익성을 높이고, 가격 경쟁력을 확보하는 데 기여한다.

셋째, 시장 경쟁력을 강화할 수 있다. 고객 데이터를 효과적으로 활용하는 기업은 시장에서 경쟁사보다 앞서 나갈 수 있다. AI는 소비자 행동을 심층적으로 분석하고 시장 트렌드와 고객의 요구를 예측해 더 나은 제품과 서비스를 제공할 수 있도록 돕는다. 이를 통해 기업은 빠르게 변화하는 시장 환경에 신속히 대응하고 고객의 기대를 초과하는 경험을 제공해 차별화를 이룰 수 있다.

넷째, 장기적 고객 관계를 구축할 수 있다. AI는 고객 데이터를 지속적으로 학습하고 변화에 적응하며, 고객과의 장기적 관계를 형성하는 데 도움을 준다. 예를 들어 AI는 시간의 흐름에 따른 고객의 선호도 변화를 감지하고, 이에 맞춰 서비스를 조정하거나 새로운 제안을 할 수 있다. 이러한 지속적 적응은 고객이 기업을 더욱 신뢰하고 기업과의 관계를 유지하도록 한다. 장기적 관계는 고객의 평생 가치를 극대화하고 안정적인 매출 기반을 제공한다.

요컨대 AI를 활용한 고객 데이터 관리는 고객 경험을 개선하고, 기업 운영의 효율성을 높이며, 시장에서의 경쟁력을 강화하는 데 필수적인 역할을 한다. 이를 통해 기업은 고객 만족도를 높이고, 지속 가능한 성장을 달성하며, 변화하는 시장 환경에서 성공을 거둘 수 있다. AI는 고객 데이터 활용을 한 단계 더 진화시켜 기업과 고객 모두에게 윈-윈(win-win)의 결과를 제공한다.

고객 데이터 관리의 도전 과제

AI 기반 고객 데이터 관리는 고객 경험을 개인화하고 운영 효율성을 극대화하는 데 중요한 역할을 하지만, 이를 성공적으로 구현하려면 몇 가지 도전 과제를 해결해야 한다. 이러한 도전 과제는 데이터의 민감성과 품질, 기술적 요구 사항과 관련되며, 이를 효과적으로 관리하지 못하면 기대했던 성과를 달성하기 어렵다.

첫째 과제는 프라이버시와 보안 문제다. 고객 데이터에는 개인 식별 정보, 구매 이력, 선호도 등 민감한 정보가 포함되어 있어 데이터가 유출되면 큰 피해가 발생할 수 있다. 이를 방지하기 위해 기업은 강력한 보안 체계를 구축하고, 암호화 기술과 접근 제어 시스템을 활용해 데이터를 보호해야 한다. 또한 데이터 보호와 관련된 법적·윤리적 요구 사항을 철저히 준수해야 한다. 예를 들어 유럽 일반 데이터 보호 규정(General Data Protection Regulation, GDPR)과 같은 글로벌 규정을 따르는 것은 고객 신뢰를 유지하고 법적 리스크를 최소화하는 데 필수적이다.

둘째 과제는 데이터 품질 관리다. 데이터가 정확하고 일관성이 있어야 AI가 올바른 인사이트를 도출할 수 있다. 그러나 데이터 수집 과정에서 오류, 중복, 불완전한 정보가 포함될 경우 분석 결과의 신뢰성이 떨어질 수 있다. 이를 해결하기 위해 기업은 데이터 품질 관리 프로세스를 도입해야 한다. 정기적인 데이터 검증, 정제 작업, 중복 제거 등을 통해 데이터의 정확성과 일관성을 유지하는 것이 중요하다.

셋째 과제는 기술적 인프라 구축이다. 대규모 데이터를 처리하고 분석하려면 안정적이고 확장 가능한 기술 인프라가 필요하다. 여기에는 고속 컴퓨팅 능력을 갖춘 서버, 클라우드 스토리지, 데이터 처리 소프트웨어 등이 포함된다. 기술적 인프라가 부족하거나 불안정하면 AI 시스템의 성능이 제한되고, 대규모 데이터를 실시간으로 처리하는 데 어려움을 겪을 수 있다. 따라서 기업은 필요한 기술적 자원을 확보하고, 지속적인 업그레이드와 유지 관리를 통해 안정적 환경을 구축해야 한다.

요컨대 AI 기반 고객 데이터 관리는 프라이버시와 보안 문제, 데이터 품질, 기술적 인프라와 같은 도전 과제를 효과적으로 해결해야 성공적으로 운영될 수 있다. 이러한 도전 과제를 극복하기 위해 기업은 강력한 보안 체계를 구축하고, 데이터 품질 관리를 강화하며, 기술 인프라에 대한 전략적 투자를 우선시해야 한다. 이를 통해 AI 기반 데이터 관리의 잠재력을 극대화하고 고객 경험과 기업 경쟁력을 동시에 강화할 수 있다.

AI와 고객 데이터 관리의 미래

AI는 고객 데이터 관리를 혁신하며, 기업이 고객과의 관계를 강화하고 개인화된 경험을 제공하는 데 핵심적인 도구로 자리 잡고 있다. AI는 데이터를 분석해 고객의 행동과 요구를 심층적으로 이해하고, 이를 바탕으로 맞춤형 서비스를 제공함으로써 고객 만족도를 높이고 있다. 애플과 아마존의 사례는 AI가 어떻게 데이터를 통해 고객 중심의 비즈니스 모델을 구현하고 물류와 유통 프로세스를 최적화할 수 있는지 잘 보여 준다.

애플은 애플 ID를 중심으로 고객 데이터를 통합해 일관된 고객 경험을 제공하고, AI 기반 추천 시스템을 통해 개인화된 서비스를 제공한다. 이와 동시에 데이터 프라이버시를 보호하는 데 중점을 두어 고객 신뢰를 유지하고 있다. 아마존은 AI를 활용한 추천 엔진과 음성 비서 알렉사를 통해 고객에게 맞춤형 상품과 서비스를 제공하며, 물류 프로세스를 데이터 기반으로 최적화해 신속한 배송과 효율성을 실현하고 있다. 이러한 사례는 AI가 어떻게 기업이 고객의 요구에 민첩하게 대응하고 경쟁력을 유지하는 데 기여하는지 잘 보여 준다.

앞으로 AI와 데이터 관리 기술이 더욱 발전하면 기업은 더욱 정교한 개인화 서비스와 효율적인 물류 운영을 실현할 수 있을 것이다. AI는 방대한 데이터를 실시간으로 분석하고, 그러한 분석을 바탕으로 고객의 선호와 행동을 예측해 차별화된 경험을 제공할 것이다.

그러나 AI 기반 데이터 관리를 성공적으로 구현하려면 데이터 프라이버시와 보안을 강화하고 책임 있는 데이터 관리 원칙을 실천해야 한다. 고객 데이터는 민감한 정보를 포함하고 있기 때문에 기업은 법적 규정을 철저히 준수하고 고객 신뢰를 저해하지 않도록 데이터를 안전하게 보호해야 한다. 이를 통해 데이터 관리는 기술적 성과를 넘어 윤리적이고 지속 가능한 방향으로 나아가야 한다.

AI를 활용한 고객 데이터 관리의 혁신은 소비자와 기업 모두에게 가치를 창출하는 새로운 시대를 열어 갈 것이다. AI는 기업이 고객 중심의 서비스를 강화하고, 효율성을 높이며, 변화하는 시장 환경에서 경쟁 우위를 유지할 수 있도록 돕는 필수적 도구로 자리 잡고 있다. 미래의 데이터 관리는 기술적 혁신과 윤리적 책임의 조화를 이루며 소비자와 기업이 상호 이익을 얻는 지속 가능한 성장을 이끌어 갈 것이다.

09
물류 자동화와 AI 편향 문제

AI는 물류 자동화의 핵심으로, 창고 관리, 경로 최적화, 재고 관리 등에서 효율성을 극대화하고 비용을 절감한다. 그러나 특정 그룹에 불리한 결과를 초래할 가능성이 있는 AI 편향 문제가 주목받고 있다. 이 장에서는 물류 자동화의 장점과 AI 편향 문제의 영향을 살펴보고, 테슬라 물류 시스템에서의 사례와 해결 방안을 소개한다.

AI와 화장품?

물류 자동화의 주요 요소

물류 자동화는 AI 기술로 물류 과정에서 인간의 개입을 최소화하고, 운영 효율성을 극대화하는 것을 목표로 한다. 이 기술은 물류의 다양한 요소를 자동화하고 최적화해 시간과 비용을 절감하며, 더 나은 고객 경험을 제공한다. 물류 자동화의 주요 요소는 다음과 같다.

자동화된 창고 관리는 물류 자동화의 핵심이다. 로봇과 AI가 결합해 창고에서 물품의 분류, 포장, 출하 과정을 자동으로 수행한다. 예를 들어 AI는 상품의 크기와 무게를 분석해 로봇이 상품을 최적의 위치로 이동시키게 하거나, 주문에 따라 필요한 물품을 신속히 집어 포장하도록 지시한다. 이러한 자동화는 작업 속도를 크게 높이고, 인적 오류를 줄이며, 대규모 주문을 효율적으로 처리할 수 있도록 한다.

경로 최적화는 AI가 물류 효율성을 극대화하는 또 다른 방식이다. AI는 교통 상황, 날씨 변화, 배송지와의 거리 등을 실시간으로 분석해 가장 효율적인 운송 경로를 설계한다. 이를 통해 배송 시간을 단축하고 연료 비용을 절감하며 탄소 배출량을 줄이는 효과를 얻을 수 있다. 예를 들어 AI는 특정 시간대에 혼잡한 경로를 우회하거나 여러 배송지를 최적으로 연결하는 경로를 설계해 물류 운영을 더욱 효율적으로 만든다.

재고 관리 자동화는 AI를 활용해 과거 판매 데이터와 현재 재고 상태를 분석함으로써 수요를 정확히 예측하고 적절한 재고 수준을 유지하도록 돕는다. AI는 특정 제품의 계절별 수요 패턴이나 지역별 구매 경향을 분석해 재고가 과잉되거나 부족한 상황을 방지한다. 이를 통해 기업은 불필요한 재고 유지 비용을 줄이고 고객이 원하는 제품을 적시에 제공할 수 있는 유연성을 확보할 수 있다.

예측 분석은 물류 자동화에서 중요한 역할을 한다. AI는 물류 흐름과 관련된 데이터에 기반해 미래의 트렌드와 문제를 예측하고 사전에 대비할 수 있도록 돕는다. 예를 들어 AI는 특정 시점에 수요가 급증할 가능성을 예측하거나 공급망의 병목 현상을 사전에 식별해 대안을 제안한다. 이러한 예측 능력은 물류 운영의 안정성을 높이고 문제 발생 시 빠르게 대응할 수 있게 한다.

요컨대 물류 자동화는 AI 기술을 활용해 창고 관리, 경로 설계, 재고 관리, 예측 분석 등의 과정을 혁신적으로 변화시키고 있다. 이러한 자동화는 기업이 물류 운영의 효율성을 높이고, 비용을 절감하며, 고객에게 더 나은 서비스를 제공할 수 있도록 돕는다. AI 기반 물류 자동화는 현대 물류 산업의 새로운 기준을 제시하며, 앞으로도 지속 가능한 성장과 경쟁력 강화를 위한 중요한 도구로 자리 잡을 것이다.

물류 자동화에서의 AI 편향 문제

물류 자동화에서 AI는 효율성과 정밀성을 높이는 데 핵심적인 역할을 하지만, AI 시스템이 편향되었을 경우 예상치 못한 문제를 초래할 수 있다. AI 편향 문제는 알고리즘의 설계 방식, 사용되는 데이터의 선택 · 훈련 과정에서 나타나는 편향성으로 인해 발생한다. 이는 물류 프로세스의 신뢰성과 공정성을 저해할 수 있어 주의 깊게 관리해야 한다.

AI 편향 문제의 주요 원인 중 하나는 데이터 편향이다. AI 훈련에 사용된 데이터가 특정 지역, 인구 또는 상황에 지나치게 치우쳐 있다면 편향된 결과가 나타날 가능성이 높아진다. 예를 들어 물류 데이터를 대도시 중심으로 수집해 훈련시킨 AI는 농촌 지역의 물류 요구를 정확히 반영하지 못할 수 있다. 이로 인해 농촌 지역의 배송 속도가 느려지거나 물류 서비스가 비효율적으로 설계될 가능성이 있다.

또 다른 원인은 알고리즘 설계에서 발생한다. AI 알고리즘이 특정 목표를 최우선으로 설정한 채 설계될 경우,

그 외의 중요한 요소를 간과할 수 있다. 예를 들어 비용 절감을 우선시한 알고리즘은 배송 품질이나 고객 만족도를 희생하는 결과를 초래할 수 있다. 이는 물류 프로세스에서 고객의 기대를 충족하지 못하거나 배송 품질이 저하되는 결과로 이어질 수 있다.

실시간 데이터의 불완전성 역시 AI 편향 문제의 주요 원인이다. 자동화된 물류는 실시간 데이터를 활용해 빠르게 변하는 상황에 대응하지만, 이 실시간 데이터가 불완전하거나 왜곡된다면 AI의 결정이 부정확하게 이루어질 가능성이 있다. 예를 들어 특정 시간대의 교통 데이터가 잘못 입력되거나 일부 데이터가 누락되면 AI는 최적의 경로를 설계하지 못해 배송 효율성을 떨어뜨릴 수 있다.

AI 편향이 초래할 수 있는 문제

AI 편향은 물류 자동화의 효율성과 공정성에 부정적인 영향을 미칠 수 있다.

첫째, 편향된 데이터는 물류 경로를 비효율적으로 설계하거나 특정 지역의 배송 속도를 늦추는 결과를 초래할 수 있다. 이는 물류 운영의 전반적 효율성을 떨어뜨리고 비용을 증가시킬 수 있다.

둘째, 고객 불만이 증가할 가능성이 높아진다. AI 편향으로 인해 특정 고객 그룹이 불공정한 대우를 받으면, 고객 불만과 함께 기업 평판이 손상될 수 있다. 예를 들어 특정 지역이나 인구가 배송 지연이나 부정확한 서비스로 불이익을 받는다면, 해당 고객층의 만족도가 크게 하락하고 장기적으로 기업의 신뢰도에 부정적인 영향을 미칠 수 있다.

셋째, 법적 · 윤리적 문제가 발생할 위험이 있다. 특정 그룹이나 지역이 편향된 결과로 인해 불이익을 받을 경우, 이는 법적 분쟁이나 규제 기관의 제재로 이어질 수 있다. 특히 공정성과 평등을 중요시하는 시장에서 이러한 문제는 기업에 막대한 재정적 · 평판적 손실을 초래할 수 있다.

테슬라 물류 시스템의 AI 편향 사례

테슬라는 AI를 활용해 물류 시스템을 최적화하고 차량 부품의 배송과 공급망 관리를 자동화했으며, 효율성을 크게 향상했다. 그러나 그 과정에서 AI 편향으로 인해 문제가 발생했으며, 시스템의 공정성과 운영 품질을 개선해야 할 필요성이 제기되었다. 특히 테슬라의 물류 AI 시스템은 특정 대규모 딜러나 물류 허브에 대한 배송을 우선시하는 경향을 보였다. 이로 인해 소규모 딜러나 외곽 지역의 딜러들은 배송 지연을 겪게 되었고, 이는 고객 서비스 품질 저하로 이어졌다.

문제의 원인은 다음과 같았다. 먼저 데이터 편향이 있었다. AI는 대규모 물류 허브에서 수집된 데이터를 중심으로 학습했으며, 이는 소규모 딜러의 요구를 충분히 반영하지 못하게 만들었다. 그 결과 시스템은 소규모 딜러들에게 낮은 중요도를 부여했고, 그들의 배송 요구는 우선순위에서 밀려났다. 알고리즘 설계도 문제를 심화했다. 비용 절감을 최우선 목표로 설정한 알고리즘은 긴급 배송 요구나 지역 균형과 같은 요소를 충분히 고려하지 못했다. 이로 인해 소규모 딜러들의 긴급 배송 요청이 배제되는 상황이 발생했다. 실시간 데이터의 부족 역시 큰 문제로 작용했다. 소규모 딜러의 재고 데이터가 실시간으로 업데이트되지 않아 AI가 적시에 적절한 결정을 내리지 못했고, 이는 배송 지연 문제를 악화했다.

테슬라는 이러한 문제를 해결하기 위해 물류 AI 시스템과 데이터 관리 프로세스를 개선했다. 먼저 소규모 딜러의 데이터를 추가로 수집하고 이 데이터를 AI 알고리즘에 반영해 대규모 허브 중심의 편향을 완화했다. 다양한 크기와 위치의 딜러 데이터를 포함시켜 AI가 더 공정하고 균형 잡힌 결정을 내릴 수 있도록 데이터 세트를 확장했다. 또한 알고리즘을 재설계해 비용 절감뿐 아니라 긴급성, 지역 균형, 딜러 중요도와 같은 다양한 요소를 고려하도록 했다. 이를 통해 배송 우선순위 결정이 더 공정하고 종합적인 기준에 기반하도록 개선되었다. 마지막으로 모든 딜러의 재고 데이터를 실시간으로 업데이트할 수 있는 시스템을 구축해, AI가 더욱 정확한 정보를 바탕으로 결정을 내릴 수 있도록 했다. 이로 인해 긴급한 상황에 대한 대응 속도가 크게 향상되었다.

테슬라의 사례는 AI 기반 물류 시스템이 효율성과 자동화를 달성할 수 있는 강력한 도구임을 보여 주면서도, 데이터와 알고리즘의 편향 문제가 운영 공정성과 서비스 품질에 부정적 영향을 미칠 수 있다고 경고한다. 테슬라는 데이터를 보강하고 알고리즘을 조정하며 실시간 데이터 활용을 강화함으로써 이러한 문제를 효과적으로 해결했다. 이 사례는 AI가 물류 운영에서 혁신을 이루는 데 중요함을 보여 주는 동시에, 공정성과 신뢰성을 확보하는 데 책임감 있는 설계와 운영이 필수적임을 강조한다.

AI 편향 문제 해결을 위한 전략

물류 자동화에서 AI 편향 문제를 방지하고 해결하려면 다각적인 접근이 필요하다. 가장 먼저 고려해야 할 전략은 데이터 다양성 확보다. AI 알고리즘이 특정 지역, 상황 또는 고객 그룹에 치우친 결과를 도출하지 않도록 다양한 데이터를 수집하고 반영해야 한다. 이는 대도시뿐 아니라 농촌 지역, 대규모 딜러뿐 아니라 소규모 딜러의 데이터를 포함시켜 AI가 좀 더 포괄적이고 공정한 결정을 내릴 수 있도록 돕는다.

알고리즘 투명성 강화도 중요한 요소다. AI가 어떤 과정을 통해 결정을 내리는지 명확히 이해할 수 있어야 하며, 결과를 설명할 수 있는 알고리즘을 개발해야 한다. 이러한 투명성은 AI 시스템의 신뢰성을 높이고, 편향 문제가 발생했을 때 그 원인을 신속히 파악할 수 있게 한다. 예를 들어 물류 경로 최적화 과정에서 특정 지역이 반복적으로 불이익을 받는다면, 그 이유를 알고리즘의 의사 결정 과정에서 바로 확인할 수 있어야 한다.

또한 모니터링과 피드백 시스템을 도입하는 것이 필수적이다. AI가 물류 시스템에서 생성하는 결과를 지속적으로 모니터링하고, 예상치 못한 편향이나 문제가 발견되면 즉시 수정할 수 있는 체계를 구축해야 한다. 예를 들어 배송 지연이 특정 지역에 집중되거나 특정 고객 그룹에 반복적으로 불이익이 발생하는 경우, 이러한 데이터를 분석해 AI 모델을 개선할 수 있어야 한다.

윤리적 설계 역시 중요한 기반이다. AI 시스템을 설계하는 초기 단계부터 공정성과 형평성을 고려해 특정 그룹이나 지역이 불공정한 대우를 받지 않도록 해야 한다. 이는 AI 알고리즘의 설계 원칙에 공정성을 내재화하고, 모든 고객과 지역이 동등한 혜택을 받을 수 있도록 AI 알고리즘을 설계해야 한다는 의미다. 이러한 윤리적 설계는 물류 자동화 시스템이 사회적 신뢰를 얻는 데 핵심적인 역할을 한다.

요컨대 AI 편향 문제를 방지하고 해결하려면 데이터 다양성을 확보하고, 알고리즘 투명성을 강화하며, 모니터링과 피드백 시스템을 도입하고, 윤리적 설계를 철저히 준수해야 한다. 이러한 전략은 AI 기반 물류 자동화 시스템이 공정성과 효율성을 동시에 달성하도록 돕는 중요한 토대가 된다.

AI 기반 물류 시스템의 미래와 지속 가능성

AI 기반 물류 시스템은 기업과 고객 모두에게 효율성과 개인화된 경험을 제공하며, 미래에도 지속적으로 발전할 것이다. 이 시스템은 비용 절감, 물류 최적화, 고객 만족도 향상 등 다양한 가치를 창출하며 물류 산업의 혁신을 이끌고 있다. 그러나 AI 편향 문제는 여전히 해결해야 할 기술적 도전 과제로 남아 있으며, 이를 극복하기 위한 지속적 노력이 필수적이다.

AI 기반 물류 시스템의 지속 가능성을 확보하는 데에는 공정성과 투명성이라는 핵심 원칙이 중요하다. AI 시스템은 모든 고객과 지역에 공정하게 작동해야 하며, 의사 결정 과정이 투명하게 관리되어야 한다. 이는 고객과 기업 모두에게 신뢰를 제공하며, 예상치 못한 편향 문제를 사전에 방지할 수 있다. 예를 들어 배송 경로 최적화 알고리즘이 특정 지역이나 고객 그룹에 불이익을 주지 않도록 설계되고 모니터링되어야 한다.

또한, 지속적 개선은 AI 시스템의 성능과 공정성을 유지하는 데 필수적이다. 데이터를 주기적으로 업데이트해 최신 정보를 반영하고, 알고리즘의 성능을 검증하며 필요할 경우 개선해야 한다. 새로운 고객 데이터를 추가하거나, 기존 알고리즘의 약점을 보완하는 작업은 AI 시스템이 변화하는 환경에 적응할 수 있도록 돕는다. 이러한 지속적 개선은 AI 기반 물류 시스템이 장기적으로 효율성을 유지하고 공정하게 작동하도록 보장한다.

협력과 규제는 AI 편향 문제를 해결하는 데 중요한 역할을 한다. 정부, 기업, 학계는 협력해 AI의 공정성과 윤리성을 강화할 수 있는 정책과 가이드라인을 개발해야 한다. 이는 AI 기술이 기업의 이익뿐 아니라 사회적 책임을 반영하도록 하는 데 기여한다. AI 시스템 설계와 데이터 관리에서 공정성을 보장하기 위한 산업 표준을 수립하고, 이를 준수하도록 장려하는 방식이 필요하다.

요컨대 AI 기반 물류 시스템은 지속적 발전을 통해 더 나은 가치를 제공할 가능성이 크지만, 편향 문제와 같은 도전 과제를 해결하기 위한 노력도 함께 이루어져야 한다. 공정성과 투명성, 지속적 개선, 협력과 규제는 AI 기반 물류 시스템의 지속 가능성을 보장하는 핵심 원칙이다. 이를 통해 AI는 물류 산업에서 혁신의 도구이자 고객과 사회에 신뢰를 제공하는 기술로 자리 잡을 것이다.

물류 자동화와 AI 편향 문제의 균형

AI는 물류 자동화에 필수적인 기술로 자리 잡으면서 효율성, 신속성, 비용 절감의 새로운 기준을 제시하고 있다. AI는 데이터 분석과 예측 능력을 통해 물류 프로세스를 최적화하고, 기업이 고객에게 빠르고 효율적인 서비스를 제공할 수 있도록 돕는다. 그러나 이러한 AI의 이점을 완전히 실현하려면 AI 편향 문제라는 도전 과제를 해결해야 한다. AI 편향 문제는 잘못된 데이터 또는 알고리즘 설계로 인해 발생하며, 기술의 공정성과 신뢰성을 저해할 수 있다. 이를 방치하면 물류 시스템의 지속 가능성이 위협받을 위험이 있다.

테슬라의 사례는 AI 편향이 물류 운영에 미칠 수 있는 영향을 명확히 보여 준다. 테슬라의 AI 기반 물류 시스템은 대규모 허브를 중심으로 데이터를 수집하고, 비용 절감을 우선시한 알고리즘을 설계하면서 소규모 딜러나 외곽 지역 딜러들의 배송 요구를 간과하는 결과를 초래했다. 이로 인해 배송 지연과 고객 서비스 품질 저하 문제가 발생했으며, 이는 기업의 신뢰도와 효율성에도 부정적인 영향을 미쳤다. 그러나 테슬라는 이 문제를 해결하기 위해 데이터 다양성을 확보하고, 알고리즘을 재설계하며, 실시간 데이터 처리를 개선하는 등 실질적 접근 방식을 도입했다. 이는 AI 편향 문제를 해결하는 구체적인 사례로, 다른 기업들에게도 중요한 교훈을 제공한다.

앞으로 기업들은 AI 편향 문제를 최소화하고, 모든 고객과 지역에 공정하고 효율적인 서비스를 제공하기 위해 지속적으로 노력해야 한다. 이를 위해 데이터 관리, 알고리즘 설계, 모니터링 시스템 등 다양한 영역에서 공정성과 투명성을 강화하는 조치가 필요하다. AI 기반 물류 시스템은 기술적 성과를 넘어 윤리적 책임을 포함한 균형 있는 접근이 이루어질 때 진정한 혁신을 달성할 수 있다.

요컨대 AI는 물류 자동화 혁신의 중심에 있으며, 지속 가능성과 공정성을 보장하는 핵심 기술이다. 기업들은 기술적 성과를 넘어 윤리적 책임과 공정성이라는 원칙을 통해 AI 기술을 지속 가능한 방향으로 발전시켜야 한다. 이러한 균형은 물류 산업의 미래를 더욱 신뢰할 수 있고, 효율적이며, 혁신적인 방향으로 이끌 것이다.

10
AI 기반 물류 인력 관리 시스템

AI는 물류 산업에서 자동화와 효율성을 극대화하며 창고 작업, 경로 최적화, 재고 관리 등 다양한 분야를 혁신하고 있다. 또한 물류 인력 관리에도 AI가 도입되면서 업무 배정을 최적화하고 생산성을 높이며 조직 효율성을 강화하고 있다. 이 장에서는 AI 기반 인력 관리 시스템의 기여와 애플, DHL의 성공 사례를 살펴본다.

종교와 AI?

물류 인력 관리에서 AI의 역할

AI는 물류 인력 관리에서 핵심적인 역할을 하며, 다양한 방식으로 효율성을 높이고 업무 프로세스를 최적화하고 있다. AI는 작업자의 능력과 작업 환경을 깊이 이해해 인력 관리의 모든 측면에서 최적의 결정을 내릴 수 있도록 돕는다.

업무 배정 최적화는 AI가 물류 인력 관리에서 가장 효과적으로 활용되는 영역 중 하나다. AI는 작업자의 능력, 경험, 현재 작업 상태를 분석해 각 작업자에게 가장 적합한 업무를 배정한다. 이를 통해 업무 배정의 효율성이 높아지고, 작업자가 자신의 역량에 맞는 업무를 수행할 수 있게 돼 생산성이 향상된다. 예를 들어 AI는 특정 작업자가 포장 기술에 뛰어나다는 데이터를 바탕으로 해당 작업에 우선적으로 배정하거나, 복잡한 물류 작업에 경험이 많은 작업자를 지정할 수 있다.

작업 일정 관리에서도 AI는 중요한 역할을 한다. AI는 예측 분석 기술을 사용해 작업량과 물류 네트워크의 변동을 분석하고, 이에 따라 작업 일정을 최적화한다. 이를 통해 작업자들이 과도한 업무 부담을 겪지 않도록 조정하고, 물류 운영의 효율성을 극대화할 수 있다. 예를 들어 AI는 특정 시간대에 예상되는 물류량 증가를 분석해 추가 인력을 배치하거나 작업 시간을 유연하게 조정할 수 있다.

작업 현장 모니터링은 사물인터넷 센서와 연결된 AI 시스템을 통해 실시간으로 이루어진다. AI는 작업 현장의 생산성과 안전성을 지속적으로 모니터링하며, 이상 상황이 발생할 경우 즉각적으로 경고한다. 또한 AI는 작업 중 발생할 수 있는 잠재적 위험을 예측하거나, 작업 현장의 비효율적인 동선을 식별해 개선을 제안할 수 있다. 이를 통해 작업 환경의 안전성과 생산성이 동시에 향상된다.

재교육과 업스킬링은 AI가 물류 인력 관리에서 제공하는 또 다른 중요한 지원 방식이다. AI는 작업자가 현재 필요로 하는 기술과 미래에 요구될 기술을 예측하고, 이에 맞는 교육 프로그램을 추천한다. 예를 들어 새로운 물류 자동화 시스템 도입에 대비해 작업자들에게 필요한 기술 교육을 제공함으로써 작업자들의 역량을 강화할 수 있다. 이는 개인과 조직의 성장에 기여하며, 물류 인력 관리의 지속 가능성을 높인다.

인력 수요 예측은 AI가 물류 네트워크의 변화와 수요를 분석해 적절한 인력 규모를 예측하고 준비할 수 있도록 지원하는 영역이다. AI는 계절적 수요 변화, 시장 트렌드, 물류 흐름 데이터를 분석해 기업이 적시에 필요한 인력을 확보하고, 과도한 인력 낭비를 방지할 수 있도록 돕는다. 예를 들어 특정 시즌의 물류량 증가를 예측해 기업이 임시 인력을 채용하거나 기존 인력을 재배치하는 등 그러한 증가에 효율적으로 대응할 수 있게 한다.

요컨대 AI는 물류 인력 관리의 모든 측면에서 중요한 역할을 하며, 효율성을 높이고 인력 활용을 최적화하는 데 기여하고 있다. 업무 배정, 작업 일정, 현장 모니터링, 재교육, 인력 수요 예측 등 AI는 다양한 영역에서 물류 운영의 혁신을 이끌고 있으며, 이는 기업의 경쟁력 강화와 지속 가능한 인력 관리로 이어지고 있다. AI는 물류 인력 관리에서 기술과 인간의 조화를 이루는 필수적 도구로 자리 잡고 있다.

애플의 AI 기반 물류 인력 관리 사례

애플은 AI를 활용해 물류 인력 관리에서 탁월한 성과를 보여 주면서 대규모 글로벌 공급망을 효율적으로 운영하고 있다. AI 기술은 애플의 물류 네트워크와 인력을 최적화하는 데 핵심적인 역할을 하고 있으며, 업무 배정, 생산성 개선, 직원 만족도 관리와 같은 다양한 영역에서 혁신적 접근을 가능하게 했다.

업무 배정 최적화는 애플이 AI를 활용해 인력 관리를 효과적으로 수행하는 대표적 사례다. 애플은 AI 알고리즘을 통해 작업자의 기술, 경험, 현재 상태를 분석하고 각 작업에 가장 적합한 인력을 배정한다. 예를 들어 특정 창고에서 대규모 출하가 필요하면 AI는 해당 작업을 처리할 수 있는 가장 숙련된 작업자를 선택해 그 작업자에게 업무를 배정한다. 이를 통해 물류 작업의 정확성과 속도가 크게 향상되며, 작업 오류를 줄이고 효율성을 극대화할 수 있다.

생산성 분석과 개선은 AI가 애플의 물류 인력 관리에 기여하는 또 다른 주요 영역이다. AI는 작업자의 생산성을 실시간으로 분석하며, 개선이 필요한 영역을 식별한다. 이 분석을 기반으로 작업자에게 맞춤형 피드백을 제공하고, 필요에 따라 적절한 교육 자료를 추천한다. 예를 들어 특정 작업자의 속도가 지속적으로 낮아지는 경우, AI는 해당 작업자가 겪고 있는 어려움을 분석하고 이를 극복하기 위한 교육 기회를 제공한다. 이러한 접근은 작업자의 성과를 지속적으로 향상하고, 조직 전체의 생산성을 높이는 데 기여한다.

직원 만족도 관리 역시 애플이 AI 활용에서 중점을 두는 부문이다. AI는 작업자의 스트레스 수준과 만족도를 실시간으로 모니터링하며, 데이터에 기반한 인사이트를 제공한다. 이를 통해 업무 과부하를 사전에 예방하고, 작업 환경을 개선해 작업자의 행복과 충성도를 높인다. 예를 들어 AI는 작업자가 과도한 업무로 인해 스트레스를 받고 있다고 감지하면 작업량을 재조정하거나 휴식 시간을 제안할 수 있다. 이러한 접근법은 직원 만족도를 향상하는 동시에 물류 운영의 안정성과 지속 가능성을 보장한다.

요컨대 애플은 AI를 활용한 물류 인력 관리에서 혁신적인 성과를 이루고 있다. AI는 업무 배정의 최적화, 생산성 분석과 개선, 직원 만족도 관리와 같은 다양한 측면에서 중요한 역할을 하며, 애플의 물류 운영을 효율적이고 효과적으로 유지할 수 있도록 돕는다. 이러한 기술적 접근은 애플이 글로벌 공급망을 성공적으로 관리하고 높은 품질의 서비스를 제공하는 데 중요한 기반이 되고 있다. AI는 물류 인력 관리에서 인간 중심의 효율성과 기술 혁신의 조화를 이루는 필수적 도구로 자리 잡고 있다.

DHL의 AI 기반 물류 인력 관리 사례

DHL은 물류 자동화와 AI 기술을 도입해 전 세계 물류 네트워크의 효율성을 극대화하며, 인력 관리에서도 AI를 적극적으로 활용하고 있다. 이러한 기술적 혁신은 DHL이 글로벌 물류 산업의 선두 주자로 자리 잡는 데 중요한 역할을 하고 있다. DHL은 업무 배정, 인력 계획, 작업자 안전 관리 등 다양한 측면에서 AI를 활용하고 있다.

스마트 작업 배정은 DHL이 AI를 활용해 창고 작업을 최적화하는 대표적 사례다. AI는 작업자의 위치, 기술 수준, 실시간 작업 부하와 같은 요소를 분석해 각 작업자에게 가장 적합한 작업을 자동으로 배정한다. 예를 들어 창고 내에서 포장 작업이 필요하면 AI는 해당 작업을 수행할 수 있는 가장 가까운 위치에 있는 숙련된 작업자를 선택해 배정한다. 이러한 접근법은 작업 시간을 줄이고 창고 운영의 효율성을 크게 향상하며, 물류 프로세스의 전반적인 속도를 높이는 데 기여한다.

예측 분석 기반 인력 계획은 DHL의 AI 기술이 인력 관리에서 어떻게 활용되는지 보여 주는 또 다른 사례다. DHL의 AI 시스템은 물류 흐름 데이터와 계절적 수요 패턴을 분석해 필요한 인력 규모를 사전에 예측한다. 예를 들어 연말 쇼핑 시즌과 같은 특정 시기에 물류량이 급증할 것으로 예상되면, AI는 추가 인력을 채용하거나 기존 인력을 적절히 재배치하는 계획을 제안한다. 이를 통해 DHL은 수요 변화에 유연하게 대응할 수 있으며, 인력 부족이나 과잉 문제를 효과적으로 방지한다. 이러한 예측 능력은 물류 운영의 안정성을 유지하는 데 중요한 역할을 한다.

작업자 안전 모니터링은 DHL이 사물인터넷 센서와 AI를 결합해 작업 환경의 안전성을 높이고 있는 영역이다. AI는 작업 현장에서 작업자의 움직임과 주변 환경을 실시간으로 분석하며, 잠재적인 안전 위협을 감지하면 즉각 경고를 보낸다. 예를 들어 물류 창고에서 과도한 하중을 다루는 작업자가 잘못된 자세로 작업을 하거나 위험한 기계 근처에 접근하면 AI는 이를 감지하고 즉시 알린다. 이러한 시스템은 작업 사고를 줄이고 작업자들이 안전한 환경에서 업무를 수행할 수 있도록 돕는다.

DHL은 AI를 활용한 물류 자동화와 인력 관리로 글로벌 물류 네트워크의 효율성과 안전성을 동시에 강화하고 있다. 스마트 작업 배정, 예측 분석 기반 인력 계획, 작업자 안전 모니터링 등 다양한 기술적 접근은 DHL이 물류 운영에서 혁신을 이루는 데 기여하고 있다. 이러한 AI 기술은 DHL이 고객에게 더 나은 서비스를 제공하고, 물류 산업의 미래를 선도하는 데 중요한 역할을 하고 있다. AI와 물류 자동화는 DHL의 글로벌 경쟁력을 강화하며, 지속 가능한 물류 설루션을 구현하는 데 필수적인 도구로 자리 잡고 있다.

AI 기반 물류 인력 관리의 주요 장점

AI를 활용한 물류 인력 관리 시스템은 효율성과 생산성을 높이고, 비용 절감과 직원 만족도를 동시에 실현할 수 있는 강력한 도구다. 이 시스템은 인력을 효과적으로 배치하고, 작업 환경을 개선하며, 안전성을 강화하는 데 중요한 역할을 한다. AI 기반 물류 인력 관리의 주요 이점은 다음과 같다.

첫째 이점은 효율성 증대다. AI는 작업 배정과 일정 관리를 최적화해 인력 활용 효율성을 크게 높인다. AI는 작업자의 위치, 기술 수준, 작업 상태를 실시간으로 분석해 적합한 업무를 배정하며, 이로써 작업이 원활하고 신속하게 이루어질 수 있도록 한다. 이는 인력의 불필요한 대기 시간을 줄이고 물류 운영 전반의 속도를 향상한다.

둘째 이점은 생산성 향상이다. AI는 작업자의 성과와 역량을 분석하고 개선 방안을 제시함으로써 생산성을 향상한다. AI는 작업자의 실적 데이터를 기반으로 성과를 평가하고, 부족한 영역을 식별해 적절한 교육이나 훈련 기회를 제공한다. 이러한 접근법은 작업자의 역량을 강화하고, 개인의 성장과 조직 전체의 생산성을 동시에 극대화하는 데 기여한다.

셋째 이점은 비용 절감이다. AI는 물류 흐름과 계절적 수요를 분석해 인력 수요를 정확히 예측함으로써 불필요한 인력 배치를 방지한다. 이는 인건비를 줄이고 자원의 낭비를 최소화해 기업의 재정적 효율성을 높인다. 특히 특정 시점에서 예상되는 물류량 증가에 선제적으로 대응함으로써 비용 절감과 운영 안정성을 동시에 확보할 수 있게 한다.

넷째 이점은 직원 만족도 향상이다. AI는 작업 환경을 지속적으로 모니터링해 개선점을 도출하며, 작업자들에게 적절한 피드백과 교육 기회를 제공한다. 이러한 노력은 직원들이 자신이 조직에서 가치 있는 구성원으로 평가받고 있다고 느끼게 하며, 업무에 대한 만족도를 높이고 장기적인 직원 충성도를 강화한다.

다섯째 이점은 리스크 관리다. AI와 사물인터넷 기술의 결합은 작업 현장에서의 사고를 줄이고 안전성을 강화하는 데 기여한다. AI는 작업자의 움직임과 주변 환경을 실시간으로 분석하며, 잠재적인 안전 위협을 사전에 감지하고 경고한다. 이는 작업자가 안전한 환경에서 업무를 수행할 수 있도록 하며, 작업 중 발생할 수 있는 사고와 관련 비용을 줄인다.

요컨대 AI를 활용한 물류 인력 관리 시스템은 효율성 증대, 생산성 향상, 비용 절감, 직원 만족도 향상, 리스크 관리와 같은 다양한 이점을 제공하며 기업과 작업자 모두에게 긍정적인 영향을 미친다. 이러한 시스템은 물류 운영의 혁신을 이끄는 도구로, 지속 가능한 성장과 경쟁력 강화에 중요한 기반이 되고 있다.

AI 기반 물류 인력 관리의 도전 과제

AI 기반 물류 인력 관리 시스템은 효율성과 생산성을 높이는 데 큰 잠재력을 가지고 있지만, 이를 성공적으로 도입하고 운영하려면 몇 가지 도전 과제들을 해결해야 한다. 이 과제들은 데이터 품질, 기술적 복잡성, 작업자의 적응, 윤리적 문제와 관련되며, 이를 효과적으로 관리하지 않으면 기대했던 성과를 달성하기 어렵다.

데이터 품질 관리는 AI 시스템의 정확성과 신뢰성을 보장하는 핵심 요소다. AI는 수집된 데이터를 기반으로 결정을 내리기 때문에, 데이터가 불완전하거나 잘못된 경우 잘못된 결과를 초래할 수 있다. 예를 들어 작업자의 기술 수준이나 작업 상태에 대한 데이터가 부정확하면 AI가 부적절한 업무를 배정하거나 비효율적인 결정을 내릴 가능성이 있다. 이를 방지하기 위해 데이터 수집,

정제, 검증 과정을 철저히 관리하고 데이터 품질을 지속적으로 모니터링하는 체계를 구축해야 한다.

기술적 복잡성은 AI 기반 시스템 도입 과정에서 제기되는 또 다른 도전 과제다. AI 시스템을 설계하고 운영하려면 고도의 기술적 전문성과 자원이 필요하다. 특히 대규모 물류 네트워크에서 실시간 데이터를 처리하고 분석하는 시스템을 구축하려면 안정적이고 확장 가능한 기술 인프라가 필수적이다. 이를 위해 기업은 기술적 역량을 갖춘 인재를 확보하고, AI 시스템의 유지 보수와 업데이트에 지속적으로 투자해야 한다.

인력 저항은 AI 도입 과정에서 흔히 발생하는 문제 중 하나다. AI 시스템이 작업 방식을 바꾸고 작업자의 역할과 책임에 영향을 미치기 때문에 일부 작업자들이 불안감이나 저항감을 가질 수 있다. 특히 AI가 인력을 평가하거나 작업을 자동화하는 과정에서 이러한 저항이 더욱 심화할 수 있다. 이를 해결하려면 기업이 작업자들에게 AI 시스템의 이점과 목적을 명확히 전달하고, 새로운 기술에 적응할 수 있도록 교육과 지원을 제공해야 한다. 작업자들이 AI를 도구로 이해하고 적극 활용해 자신의 업무를 개선할 수 있도록 돕는 것이 중요하다.

윤리적 문제도 중요한 고려 사항이다. AI가 인력을 평가하고 업무를 배정하는 과정에서 공정성과 투명성을 유지하는 것이 필수적이다. 특정 작업자나 그룹이 불공정한 대우를 받지 않도록 시스템을 설계하고, AI 의사 결정의 기준을 명확히 설명할 수 있어야 한다. 예를 들어 업무 배정에서 성별, 연령, 기타 비관련 요소가 영향을 미치지 않도록 하는 규칙을 설정하고 이를 철저히 준수해야 한다. 윤리적 문제를 효과적으로 관리하지 못하면 기업의 신뢰와 평판에 부정적인 영향을 미칠 수 있다.

요컨대 AI 기반 물류 인력 관리 시스템은 데이터를 활용해 효율성과 생산성을 극대화하는 강력한 도구지만, 데이터 품질, 기술적 복잡성, 인력 저항, 윤리적 문제와 같은 도전 과제를 해결해야 성공적으로 운영될 수 있다. 기업은 이러한 문제를 적극적으로 관리함으로써 AI 시스템의 잠재력을 최대한 활용하고, 물류 인력 관리에서 지속 가능한 혁신을 이루어야 한다.

AI 기반 물류 인력 관리의 미래

AI 기술의 지속적 발전은 물류 인력 관리 시스템을 더욱 정교하고 효과적으로 변화시킬 것이다. 이러한 변화는 기업과 작업자 모두에게 긍정적인 영향을 미칠 것이며, 물류 운영의 효율성과 공정성을 한 단계 끌어올릴 것이다. 앞으로 물류 인력 관리 시스템은 다음과 같은 방향으로 발전할 가능성이 크다.

개인화된 인력 관리는 미래 AI 기술의 주요 발전 영역이 될 것이다. AI는 작업자의 개별 역량, 경험, 선호도를 더욱 세밀하게 분석해 맞춤형 관리와 지원을 제공할 것이다. 예를 들어 AI는 특정 작업자가 선호하는 작업 환경이나 강점을 반영해 업무를 배정하거나, 개인화된 교육 프로그램을 제안함으로써 작업자의 만족도와 생산성을 동시에 높일 수 있다. 이는 효율성 증대를 넘어 작업자의 성장과 직업 만족도를 지원하는 시스템으로 진화할 것이다.

자율적 학습 시스템은 AI 기반 물류 인력 관리의 또 다른 중요한 발전 방향이다. 미래의 AI 시스템은 실시간 데이터를 학습하고, 자체적으로 개선하며, 더 나은 의사 결정을 내릴 수 있는 능력을 갖출 것이다. 예를 들어 특정 작업 환경에서 반복적으로 발생하는 문제를 스스로 분석하고, 이를 해결하기 위한 최적의 대안을 제안하거나 실행할 수 있을 것이다. 이러한 자율적 학습 능력은 변화하는 물류 환경에 빠르게 적응하고 운영 효율성을 극대화하는 데 기여할 것이다.

윤리적 AI 관리는 AI 기술의 발전과 함께 점점 더 중요해질 것이다. AI 시스템은 공정성과 투명성을 강화하기 위해 윤리적 기준을 철저히 준수하며 설계되고 운영되어야 한다. 예를 들어 AI가 업무를 배정하거나 작업자를 평가할 때 성별, 연령, 인종과 같은 비관련 요소가 영향을 미치지 않도록 철저히 설계되어야 한다. 윤리적 AI 관리는 기업이 작업자와 고객의 신뢰를 유지하고, 기술 발전이 사회적 책임과 조화를 이루도록 하는 데 핵심적인 역할을 할 것이다.

협업 중심 시스템도 물류 인력 관리의 중요한 발전 방향 중 하나다. AI는 단순히 인간을 대체하는 기술에 그치지 않고 인간과 협력해 작업 효율성을 높이는 보완적 역할을 할 것이다. 예를 들어 AI는 데이터 분석과 예측 작업을 수행해 작업자가 창의적이고 복잡한 문제를 해결하는 데 집중할 수 있도록 지원할 것이다. 이러한 협업 중심 시스템은 인간의 창의성과 AI의 계산 능력을 결합해 더욱 높은 수준의 생산성을 이루는 데 기여할 것이다.

요컨대 AI 기술의 발전은 물류 인력 관리 시스템을 개인화, 자율적 학습, 윤리적 운영, 협업 중심으로 변화시킬 것이다. 이러한 발전은 기업이 작업자의 만족도를 높이고, 공정성과 효율성을 강화하며, 변화하는 물류 환경에 더욱 효과적으로 대응할 수 있도록 도울 것이다. AI

기반 물류 인력 관리 시스템은 기술과 인간의 조화를 이루는 방향으로 지속적으로 진화하며, 물류 산업의 미래를 선도할 것이다.

AI가 주도하는 물류 인력 관리의 혁신

AI는 물류 인력 관리의 모든 측면에서 혁신을 일으키며 기업과 직원 모두에게 중요한 가치를 제공하고 있다. AI 기반 시스템은 업무 배정, 일정 관리, 생산성 향상, 작업 환경 개선 등 다양한 영역에서 효율성을 극대화하고, 물류 운영의 새로운 표준을 제시하고 있다. 애플과 DHL의 사례는 이러한 혁신을 구체적으로 보여 준다.

애플은 AI를 활용해 작업자의 능력과 경험을 세밀하게 분석해 최적의 업무 배정을 실현하며, 생산성을 높이는 동시에 작업 환경을 개선하는 데 성공했다. DHL은 AI 기반 예측 분석을 통해 계절적 물류 수요에 유연하게 대응하고, 작업자 안전을 실시간으로 모니터링함으로써 안전하고 효율적인 물류 환경을 조성하고 있다. 이러한 사례들은 AI가 물류 인력 관리 시스템을 어떻게 발전시키고 기업 운영의 효율성을 강화하는지 잘 보여 준다.

앞으로 AI 기반 인력 관리 시스템은 물류 산업에서 필수적인 도구로 자리 잡을 것이다. AI를 효과적으로 활용하는 기업은 생산성과 효율성을 높일 뿐 아니라, 더 나은 작업 환경을 조성함으로써 경쟁 우위를 확보할 수 있을 것이다. 예측 분석, 자율적 학습, 맞춤형 지원 등의 기술은 물류 인력 관리의 정교함을 높이고, 기업이 복잡하고 변화무쌍한 물류 환경에 신속히 적응하도록 도울 것이다.

그러나 AI를 성공적으로 도입하고 운영하려면 공정성과 윤리성이 유지되어야 한다. 기업은 AI 시스템 설계와 운영에서 투명성과 공정성을 보장해야 하며, 기술 발전과 인간 중심의 접근 방식을 조화롭게 결합해야 한다. 이는 작업자들이 AI를 신뢰하고 새로운 시스템에 적응할 수 있도록 돕는 중요한 요소다.

요컨대 AI는 물류 인력 관리에 무한한 가능성을 제공하며, 이를 통해 더욱 스마트하고 지속 가능한 물류 운영을 실현할 수 있다. AI 기반 시스템은 기업이 물류 환경에서의 복잡한 도전 과제를 해결하고 혁신적 성과를 이룰 수 있도록 돕는 필수 도구가 될 것이다. 기업들은 AI와 인간의 조화를 통해 물류 산업의 새로운 기준을 제시하고, 지속 가능한 성공을 이끌어 나갈 것이다.

우지환

AI를 20년째 연구하고 있는 연구자다. KAIST 전기및전자공학과에서 Computer Vision을 전공해 학사·석사 학위를 받았고, 경영대학원에서 MBA, 고려대학교 기술경영전문대학원에서 공학박사 학위를 받았다. AI를 활용한 다양한 산업에서의 Digital Transformation을 연구 중이다. 삼성전자와 신한은행, 카카오뱅크에서 제조업과 금융 산업에 필요한 AI를 연구했고, 고려대학교와 KAIST 경영대학원에서 겸임교수를 지냈다. 또한 카네기멜런대학교 로봇연구소에 방문 연구원으로 있었다. 디지털소사이어티 정회원, 민간 R&D협의체 AI분과 전문위원으로 활동하고 있다. 주요 저서로 『데이터 과학자의 일』(2021)이 있으며, 한국, 미국, 유럽, 일본, 중국 등에 45개의 등록된 특허를 보유하고 있다. 10편 이상의 논문을 KCI, SCIE 등의 등재 학술지에 게재했다.